Bernhard von Reith

Beitrag zur Revolutionsgeschichte von Worms

Von den Jahren 1792 und 1793

Bernhard von Reith

Beitrag zur Revolutionsgeschichte von Worms
Von den Jahren 1792 und 1793

ISBN/EAN: 9783743403246

Hergestellt in Europa, USA, Kanada, Australien, Japan

Cover: Foto ©ninafisch / pixelio.de

Manufactured and distributed by brebook publishing software (www.brebook.com)

Bernhard von Reith

Beitrag zur Revolutionsgeschichte von Worms

Revolutionsgeschichte von Worms.

Von den Jahren 1792 und 1793.

— — — Careat successibus opto,
Quisquis ab eventu facta notanda putat.

OVID.

Vorrede.

Ob diese kleine Schrift dem H. v. Winkelmann bei seinen Richtern etwas nützen werde, oder nicht, kann ich nicht voraussehen: vielleicht giebt sie doch Anlaß, die Handlungen, die ihm zu Last geleget werden, aus einem andern Gesichtspunkte zu betrachten. Unterdessen wird dieser Mann sich selbst weit besser bei ihnen vertheidigen, als ich es zu thun im Stande war: denn ich habe zu meiner großen Freude bereits gehört, daß seine kurfürstliche Gnaden von Maynz die gnädigste Verfügung getroffen haben, sein Verhör beschleunigen zu lassen.

Meine Hauptabsicht war, dem Publikum die Vorurtheile zu benehmen, mit denen es gegen ihn eingenommen seyn mag, und dadurch seiner eben so schätzbaren als zahlreichen Verwandtschaft den Gram in etwas zu versüßen, den ihr das traurige Schicksal eines ihrer würdigsten Mitglieder verursachet. Dieser Zweck wird durch eine Druckschrift sicherer erreicht, als durch ein richterliches Urtheil: denn wer einmal eine vorgefaßte Meynung hat, besonders eine böse, der glaubt lieber an der Partheilichkeit des Richters, als an der Unschuld des Angeklagten.

Der Verfasser.

Die Thaten und Schicksale einzelner Männer, welche bei einem wichtigen Staatsereignisse eine bedeutende Rolle gespielet haben, sind die Materialien, woraus das Gebäude der Geschichte zusammengesetzet wird. Um von solchen Bruchstücken bei Aufführung des Gebäudes den rechten Gebrauch zu machen, muß man den Charakter dieser Männer und die Verhältnisse kennen, in welchen sie vor und während dem Ereignisse gestanden haben, damit man die Beweggründe und Absichten ihrer einzelnen Handlungen beurtheilen, jede derselben in ihr gehöriges Licht stellen und so dem ganzen Geschichtsbau diejenige Gestalt geben könne, die er haben soll.

Die Geschichte der Revolution, welche sich während dem Winter von 1792 und 1793 in einigen Gegenden Deutschlands ereignet hat, ist wegen ihrer Veranlassung ausserordentlich merkwürdig, und kann es (denn wer sieht in die Zukunft) wegen ihrer Folgen noch mehr werden. Diese Revolution unterscheidet sich von andern Staatsveränderungen darinn, daß hier nicht, wie sonst schier allezeit, Könige gegen Könige, Große eines Reichs gegen andere ihresgleichen, sondern ein fremdes Volk gegen beide zu Felde zog — daß dieses Volk nicht nur seine eigene Staatsverfassung verändern, sondern der ganzen Welt eine neue politische Gestalt geben wollte.

Savoyen, die Niederlande und einige Gegenden am obern Rheinstrome, nämlich alles was nicht zur Kurpfalz gehöret, waren die ersten Länder, in denen die Franzosen, jetzo Neufranken genannt, den Versuch machten, ihre Neuerungen zu verbreiten, und es damit anfiengen, überall Fürsten und Große ausser aller Wirksamkeit zu setzen. — Dieses war um so leichter, als Fürsten und Große gleich bei ihrer Ankunft die Flucht ergriffen, ihnen das Feld geräumet und Land und Leute ihrem Schicksale überlassen hatten. Einige hatten es gewagt, an ihrer Stelle zu bleiben — der Fürst von Nassau-Weilburg und die Grafen von Leiningen-Westerburg: aber es kam ihnen theuer zu stehen; indem jener bei einer sehr großen Brandschatzung noch empfindliche Behandlungen ausstehen mußte, diese gar in die Gefangenschaft fortgeführet wurden. Der Herzog von Zweybrücken hatte nur eine halbe Stunde Zeit vor sich, um diesem Schicksale zu entgehen.

Da nicht alle Bewohner der Städte und des Landes ihrem Eigenthum eben so leicht den Rücken kehren und eine Wanderschaft von ungewisser Dauer antreten konnten; so hatten es die Franzosen nun mit dem großen Haufen zu thun, der ohne Kriegsmacht und Waffen, von seinen Beherrschern verlassen, sich gleichsam in einem Augenblicke von Feinden überschwemmet und aus seiner alten Verfassung in eine neue versetzet sah, ehe er Zeit gehabt hätte, sich von dem Taumel zu erholen, den ein so schneller Uebergang verursachet hatte. Es haußten also nunmehr das Volk der Neufranken und das Volk der eroberten deutschen Länder miteinander, so gut jene wollten, und diese es konnten. Denn die Franzosen wollten den Schein nicht haben, daß sie allein herrschten; weil sie behaupteten, nicht um einer Eroberung willen gekommen zu seyn, sondern um dem Volke Deutschlands die Freiheit zu geben. Unterdessen wollten sie dieses Volk aus Menschenliebe eine Zeit lang gängeln, bis es im Stande wäre, ohne fremde Hülfe auf dem Wege der Unabhängigkeit zu wandeln. Dieß war ihre Erklärung.

Aus dieser kurzen Skizze der Lage, in welcher sich die Deutschen am Rheinstrome während dem Auffenthalte der Franzosen unter ihnen befunden haben, wird Jedermann wohl einsehen, daß, um die Geschichte dieses Ereignisses mit allen merkwürdigen Umständen auf die Nachwelt zu bringen, ein künftiger Geschichtschreiber oft Personen werde müssen auftreten lassen, welche ausser dem keinen Anspruch auf die Verewigung ihres Namens machten — Personen von beiderlei Nationen, Deutsche und Franzosen.

In dieser Rücksicht wird es dem Publikum nicht unangenehm seyn, einige Denkwürdigkeiten aus der bisherigen Geschichte eines Mannes zu lesen, dessen Verhängniß es wollte, daß er bei diesem politischen Aufzuge eine Rolle spielte — des gewesenen Märes von Worms. — Konrad von Winkelmann, so heißet dieser Mann, der Sohn eines holländischen Obristen, aber aus einer deutschen, sehr angesehenen und zahlreichen Familie entsprossen, hatte von der Natur einen festen Körper und Sinn mit großen Fähigkeiten erhalten. Nach vollendeten Studien führte ihn sein Hang sowohl als seine Geburt zum Kriegsstande, und er ergriff ihn aus freier Wahl. Um sich in diesem Fache auszeichnen zu können, wollte er eine gute Schule wählen und bey der untersten Klasse anfangen: er ließ sich zur kaiserlichen Armee, als gemeiner Soldat anwerben. Einige Unannehmlichkeiten, die er da auszustehen hatte, und die ihm darum unerträglich waren, weil sie sich auf Ungerechtigkeit gründeten (wie dieses gar oft der Fall bei Offizieren gegen ihre Untergebenen ist) und der Wunsch seiner Verwandten ihn auf einer minder undankbaren Laufbahn zu sehen, verursachten seine Loskaufung und er vertauschte die Montur mit dem schwarzen Rocke, die Stelle eines österreichischen Korporals mit einem Kanonikate bei St. Martin zu Worms.

Der Jugend ungeachtet wurde er wegen seiner Fähigkeiten bald von seinen Chorbrüdern unterschieden und nicht nur zu verschiedenen kleinen Aemtern außer der Stiftskirche, sondern zur Stelle eines wirklichen geistlichen Rathes und Mitgliedes des bischöflichen Vikariats befördert. An diesen Beförderungen hatten Hofkünste keinen Theil: denn Niemand ist gerader in seinen Handlungen, offenherziger in seinen Reden, einfacher in seinen Sitten, sorgloser in Ansehung des Putzes — Niemand kann die Gerechtigkeit mit mehr Wärme lieben und die Ungerechtigkeit mehr hassen, als Konrad von Winkelmann. Aber eben diese Tugenden machten, daß er bald an einem Platze übel angeschrieben wurde, wo man sich gewöhnlich nur durch entgegengesetzte Eigenschaften im Credit erhält, und daß er mit denjenigen in Misverständnisse fiel, die ihr Glück nicht solchen Tugenden zu danken haben.

Die Stelle eines Sachwalters der Klerisey in Worms, und die Zänkereien, in welche Klerisey und Magistrat zu Worms unabläßig verwickelt sind, verschafften seiner unermüdeten Thätigkeit Nahrung, und nach seinem Charakter zu urtheilen, kann man sich wohl einbilden, daß ihn der Magistrat nicht zum Gevatter bath. Er war vielen Mitgliedern des Magistrats ein Dorn in den Augen, und gleichwie er ihrer bei Gelegenheit nicht schonte; so nahmen sie ihrerseits leicht Anlaß ihn zu necken. Die Parthei war offenbar ungleich; denn Winkelmann hatte in seinen Fähigkeiten und in seinem unerschütterlichen Muth Hülfsquellen, die eine Anzahl solcher Männer nicht in sich fand, denen Studium und Muße fehlten, um ihm allezeit mit gleichen Kräften zu begegnen.

Die französische Staatsumwälzung, die kleinen Aufstände, die sie hie und da in Deutschland veranlasset und die Aufmerksamkeit, die sie dadurch auf alles erreget hatte, was nur von weitem einer Neuerungslust ähnlich sah, schienen dem Magistrate bei einem kleinen Vorfalle Gelegenheit gegeben zu haben, diesen gefährlichen Mann auf einmal los zu werden. Die Veranlassung dazu war diese: Winkelmann, den Wohlthätigkeit gegen Arme mehr als alle Eigenschaften charakterisiret, hatte einen siebenzigjährigen Greisen, der außer Stand war sich zu ernähren, in sein Haus aufgenommen, um ihn gegen kleine Garten- und Hausarbeiten zu Lohne zu füttern. Da nun dieser Alte dadurch, daß er als Hausgenosse in ein geistlich Haus kam, dem Schutze der Stadt entgangen und nimmer schuldig war, das Schutzgeld zu bezahlen und Thorwachten zu thun; so lehnte sich der Magistrat gegen diese Art von Wohlthätigkeit auf und wollte den Alten, wo er sich antreffen ließe, in gefänglichen Verhaft setzen. Winkelmann sah die Sache als einen Eingriff in die Rechte der Klerisey an und schrieb ein sehr heftiges Promemoria an sie, schilderte mit zu lebhaften Farben die Gehäßigkeit des Magistrats gegen die Geistlichkeit, und verlangte, daß der ganze Klerus gemeine Sache machte, um dergleichen unrechtmäßigen, unmenschlichen und ungesellschaftlichen Vorschritten des erstern zu begegnen. Dieses mit unnöthiger Heftigkeit geschriebene und manchen beleidigenden Ausdruck enthaltende Promemoria gieng unter dem ganzen Klerus, für den es bestimmt war, im Manuscript herum, und würde niemals das Tageslicht gesehen haben, wenn nicht einige Mitglieder der Geistlichkeit, es sey mit Vorbedacht oder aus Unachtsamkeit, es Magistratspersonen hätten zukommen lassen, für die es nicht gemacht war. Der Magistrat sieng darüber Feuer, schickte die Schrift an den Kurfürsten von Maynz, gab, was er nicht beweisen konnte, unschicklicherweise vor, H. v. Winkelmann habe sie in der Absicht gemacht, um das Volk gegen die Obrigkeit aufzuwiegeln, und begehrte Genugthuung und kräftige Maasregeln für die Zukunft. Der Kurfürst von Maynz, der den H. v. Winkelmann hören wollte, ehe er ihn verdammte, ließ ihm die Klagschrift des Magistrats zur Verantwortung mittheilen. Jeder andere als H. v. Winkelmann würde sich begnüget haben, der Anklage des Magistrats blos bei dem Richter zu begegnen, wie sie es verdiente: aber dieser Mann hat ein zu heftiges Temperament, als daß er sich nicht gegen die geheime Absicht des Magistrats, ihn einkerkern zu lassen (er war in der Meynung, der Magistrat habe diese Absicht gehabt) aus allen Kräften empöret haben sollte. Er bemühte sich daher eine Druckschrift zu verfertigen, wozu er die Materialien aus zwanzig bereits öffentlich bekannten Schriften und aus Protokollen zusammen trug, und deren Vollendung der Magistrat mit allen Kontumazialklagen, selbst beim höchsten Reichsvikariatsgerichte, nicht hindern konnte. Sie war eben fertig, als die Franzosen ins Land kamen, das Hoflager von Maynz und das Vikariat sich zerstreuten, folglich die Exhibierung unmöglich war. Unterdessen wurde der Druck fortgesetzt und die Schrift erschien unter dem Titel: „Beitrag zur Empörungsgeschichte unserer Zeit aus der Reichsstadt Worms. Maynz 1792" Die Fortsetzung des Prozesses beruhte nun auf sich, denn es kamen andere Auftritte, welche die ganze Aufmerksamkeit der Klerisey und der Stadt auf sich zogen. Die Franzosen überfielen Worms und forderten ausserordentlich große Brandschatzungen von dem Fürstbischoffe, vom Domkapitel, von der Bürgerschaft, von Kollegiatstiftern und Klöstern, deren erster Ansatz sich auf 1,850,000 Pfund belief.

Winkelmann, dem es vor den Franzosen so bange gewesen war, als Jemanden in Worms, und der zwar seine Habschaften bereits in Sicherheit gebracht, aber sich selbst wegen des allzuschnellen Ueberfalls nicht hatte entfernen können, war jetzo nöthiger als er geglaubt hatte: die Braudschatzung, die den vier Kollegiatstiftern auferleget worden war, gab ihm eine sehr wichtige Beschäftigung. Der Leser findet unter den Beilagen (No. 1.) einen umständlichen Bericht über diesen Vorfall und über die Art, wie Winkelmann sich betragen hat. Mehrere Leute machen es ihm zum Vorwurfe, daß er mit dem Doktor Böhmer so freundschaftlich gelebt hat: allein Winkelmann war nicht nur der größte Freund und Vertheidiger der Duldung, die durch vertraulichen Umgang zwischen Leuten verschiedener Religion befördert wird; sondern er fand auch an Böhmern eine Lebhaftigkeit des Temperaments, die der seinigen ähnlich war. Einige Neckereien die Böhmer mit dem Magistrat gehabt hatte, stellten diese zween Männer in gleiche Verhältnisse mit demselben und so entstand eine nähere Bekanntschaft unter ihnen, die aber wahrscheinlich nicht bis zur Intimität kam: denn sie haben sich während der Revolutionszeit entzweiet; woraus sich schließen läßt, daß sie in ihren Gesinnungen

nicht so gut sympathisirten, als in ihren Tempe-
ramenten. Böhmern kenne ich nur von Gesicht,
weiß folglich im geringsten nichts, was seine Le-
bensgeschichte merkwürdig machen kann: der Aus-
gang dieser Brandschatzungsgeschichte hat aber gezeiget, daß dieser Mann dem Klerus in Worms
mehr genützet habe, als alle Freunde, die er
weit und breit haben mochte, und was er für den
Klerus in Worms that, das that er dem H. v.
Winkelmann zu Liebe, der sich selbst dem General Neuwinger schon sehr empfohlen hatte.

Dieser Anfall war nun glücklich überstanden,
und Herr von Winkelmann war froh, in Worms
geblieben zu seyn, weil er dadurch Gelegenheit
bekommen hatte, sich nützlich zu machen. Ich
kann es nicht versichern, aber sehr wahrscheinlich
ist es, daß er zur Unterhandlung des Doktor
Böhmer, um Verminderung der Brandschatzung
der Stadt (sie wurde von 600000 Pfund auf
300000 Pfund herabgesetzet) das Seinige beigetragen habe. Man wird vielleicht sagen: daß
Winkelmann, in der Lage wo er gegen den Magistrat sich befand, nichts werde für die Stadt
gethan haben; allein meine Leser müssen in
Worms Bürgerschaft und Magistrat wohl unter-
scheiden und sich dadurch erklären, daß auch Böh-

mer, ungeachtet er der Stadt einen so großen Dienst erwies, wovon ihm General Cüstine selbst das Zeugniß gab, doch mit dem Magistrat in Feindschaft stand. Wer sich einen Begriff von kleinen Demokratien machen will, die nach der Aristokratie ringen, der muß eine Zeit in einer demokratischen Reichsstadt wohnen. In Worms sind unglücklicherweise nicht nur Bürger und Magistrat beständig gegeneinander in Harnisch, sondern auch Stadt und Geistlichkeit. Auf welcher Seite Recht oder Unrecht sey, gehöret nicht hieher, wohl aber, daß immer ein Theil vor dem andern wechselseitig auf seiner Hut ist. Als daher die Franzosen Miene machten, ihr Staatssystem in Deutschland einführen zu wollen; gerieth die Geistlichkeit um so mehr in Furcht, das erste Opfer zu werden, als sie sich von Seiten der Stadt keine guten Dienste versprach.

General Cüstine hatte bereits in öffentlichen Proklamationen erkläret: daß die von den französischen Truppen eroberten Landschaften frey seyn und sich ihre eigene Constitution machen sollten und Herr v. Winkelmann hatte durch den Doktor Böhmer, der unterdessen in die Dienste dieses Generals getreten war, erfahren, daß man mit gefährlichen Anschlägen gegen die Geistlichkeit umgehe.: Da ihn nun das Amt eines Sachwalters der Klerisey zur besondern Sorgfalt für ihr Bestes auffoderte.; so gerieth er auf den Gedanken, das Ungewitter zu beschwören und durch freiwillige Anerbiethungen den Verfügungen zuvor zukommen, die in dem Kopfe des französischen Befehlshabers ausgebrütet wurden. Zu diesem Ende entwarf er die Denkschrift, welche meine Leser unter den Beilagen (No. 2.) finden. Dieser Aufsatz wurde, wie die Anlage (No. 3.) weiset, dem versammelten Klerus vorgeleget und von ihm gebilligt; folglich wurde eine getreue Uebersetzung davon dem General Custine durch Herrn von Winkelmann selbst überreicht.

Dieses ist die Veranlassung der Schrift, die, wie man sagt, eines der Hauptverbrechen dieses Mannes seyn soll. Der ganze Klerus, der sein Jawort dazu gegeben hatte, soll, wie man versichert, nun sagen, er sey überrumpelt worden und habe die Sache nicht genugsam überlegt: diese Versicherung ist aber eben so unwahrscheinlich, als es gegen allen Menschensinn ist, daß Herr v. Winkelmann ihn habe überrumpeln wollen. Denn welchen Vortheil konnt' er für seine Person daraus ziehen? — Er hatte ja allezeit den guten und bösen Erfolg dieses Versuches mit der ganzen

Klerisey zu theilen: die Franzosen mochten im Lande bleiben, oder es wieder verlassen, so hatte er auf jeden Fall gleiches Schicksal mit der ganzen Geistlichkeit zu erwarten. Diese Denkschrift ist bereits im Druck erschienen und zwar mit Noten, die ich hier zu widerlegen unnöthig finde: jeder Leser mag von selbst urtheilen, wessen Geistes Kind sie sind, und ob eine edle oder unedle Leidenschaft, ob Verfolgungsgeist oder Menschenliebe die Feder des Notenmachers geführet haben.

Am 30ten Oktober, wo diese Schrift aus der Feder des Herrn von Winkelmann floß, waren die österreichischen und preußischen Armeen geschlagen und auf beständigem Rückzuge aus Frankreich kamen unaufhörlich Züge von Truppen und Kriegsgeräthschaften. Custine hatte in Maynz Anstalten getroffen, welche seine Absicht, im Lande zu bleiben, auffer allen Zweifel setzten: weit und breit war keine Hülfe für dieses Land zu sehen, und wenn man auch an künftiger Rettung nicht verzweifelte, so erinnerte man sich doch, daß beinahe alle Kriege mehrere Jahre gedauert haben, und man hielt es für klug, sich einstweilen so gut zu setzen, als man konnte. Das beste Auskunftsmittel zwischen gänzlicher Zernichtung der Stifter und deren Erhaltung im alten Stande, schien, im äussersten Falle, deren Dauer auf die Lebenszeit ihrer Mitglieder einzuschränken, und sich unterdessen allen andern Bedingungen zu unterwerfen, die der Eroberer fodern würde — kurz, zu transigieren und die Transaktionspunkte so einzurichten, daß erstlich der Klerus von Worms sich nicht als Feind der französischen Verfassung erklärte; zweitens in Ansehung des status quo nichts wesentliches verlor; folglich drittens bei Wiedereinführung der alten Verfassung in einem Augenblicke wieder seyn konnte, was er gewesen war. Um diesen Zweck zu erreichen bemühte man sich, zu zeigen, daß die Wohlfahrt der Stadt Worms mit der Erhaltung des Klerus in enger Verbindung stehe; damit einige Neuerungssüchtige, die nach geistlichen Gütern lüstern waren, die Gewalt der Franzosen nicht sollten misbrauchen können, um die Aufhebung der Stifter zu beschleunigen.

Dieses, ich weiß es, war die Hauptabsicht des Herrn von Winkelmann: einige getadelte Ausdrücke oder einzelne Worte, sind Komplimente, die er den Franzosen machte, und die nicht aus dem Herzen kamen: Captationes benevolentiæ, die am Ende weder kalt noch warm machten.

Am 30ten Oktober ahnbete man noch nichts von den Dekreten, welche im Monat December zum Vorschein kamen, und welche alle Transaktion schlechterdings verwarfen. Da nun diese Dekrete das Schicksal der Geistlichen in Worms und aller Orten weit schlimmer machten, als der Wormser Klerus es sich ausbedungen hätte; so kann man ihm sicher nicht zu Last legen, daß er zu weit gegangen sey — und könnte man dieses, so fiele der Vorwurf nicht auf den Herrn von Winkelmann, sondern auf alle vier Kollegiatstifter miteinander. Hätte Custine diese Denkschrift an den Nationalkonvent geschickt, wie man hoffte, daß er's thun würde — hätte der Nationalkonvent Rücksicht darauf gemacht und in Ansehung der triftigen Gründe den Klerus in Deutschland vom allgemeinen Gesetze der Zernichtung ausgenommen — wären die Franzosen nachher im Besitze dieser Gegenden geblieben (welches man wenigstens in die Klasse der Möglichkeiten setzen mußte, und leider! noch muß;) so würden der Klerus von Worms und sein Organ, der Herr von Winkelmann als Erhalter und Schutzgeister der deutschen Geistlichkeit angesehen und verehret werden. Was bei veränderten Umständen geschehen ist, wird die Folge lehren. Man erlaube mir aber zu fragen, ob Herr von Winkelmann und der ganze Klerus in Worms am 30ten Oktober wissen konnten, was in der Mitte des Decembers geschah? — Ob man es einem und dem andern zur Last legen könne, daß die Sachen schlimmer ausfielen, als sie besorget hatten? — Ob es ein Verbrechen sey, mit dem Ueberwinder um seine Erhaltung zu transigieren? — Ob sie am 30ten Oktober 1792 die Hülfe berechnen konnten, die am 30ten Merz 1793 kam?

Blos allein der Wunsch (das kann ich bei Gott bezeugen) der Wunsch, die Stifter in ihrem bisherigen Stande zu erhalten und sie gegen eine augenblickliche Zerstöhrung zu verwahren, war die Bewegursache dieser Denkschrift. Herr von Winkelmann hat bedauert, der Verfasser davon zu seyn, nachdem er gesehen hatte, daß die Franzosen sich über alle Vorstellungen und Lokalverhältnisse hinwegsetzten und die ganze Welt unter ihre eigensinnigen Gesetze bringen wollten. Diese Erkenntniß kam aber zu spät: nämlich erst mit der Bekanntmachung des Dekretes vom 15ten December. Bis dahin hatte der Klerus von Worms keine Entschliessung auf seine Denkschrift erhalten; er war also in beständiger Hofnung, sie würde, wie sie es verdiente, nicht ohne Wirkung seyn. Herr von Winkelmann glaubte daher, daß es seine Pflicht forbere, einstweilen nichts zu verabsäumen, was dem Klerus das Wohlwollen der Franzosen erhalten oder verschaffen könnte. Hiezu gehöret die Geschichte seiner Beitretung zum Klub. Der Klub in Worms war nach dem ersten Anscheine nicht nur eine ganz unschädliche, sondern nothwendige Sache: die ganze bürgerliche Verfassung war, nachdem was man aus Savoyen bereits gehöret hatte, ihrer Auflösung nahe; es erforderte also die Sorgfalt für die Erhaltung der Ordnung, daß die vorzüglichsten Mitglieder der bürgerlichen Gesellschaft sich vereinigten, um an der Erhaltung der alten, oder Zustandebringung einer neuen Verfassung zu arbeiten, und dadurch der Anarchie oder dem willkührlichen Regiment der Franzosen zuvorzukommen. Der Wunsch einiger guten Bürger war daher, daß der Magistrat, mit Beseitigung aller Mishelligkeiten, gemeine Sache mit der Bürgerschaft machen und der Gesellschaft beiwohnen sollte: aber vergebens. Man sah deutlich genug, daß die Franzosen die Errichtung solcher politischen Gesellschaften gerne hatten; aber man wußte in deutscher Einfalt keinen andern Zweck als diesen. Nachdem die Versammlung durch den Druck angekündiget worden war, erweckte sie die Aufmerksamkeit des Herrn von Winkelmann, und weil er immer den Zweck, als

Sachwalter der Klerisey das Wohl seiner Prinzipalschaft zu befördern, vor Augen hatte; so hielt er sichs zur Pflicht, sie von dem, was geschah, zu benachrichtigen und sie zu fragen, ob er nicht in ihrem Namen dieser Gesellschaft beitreten sollte. Beilage (Nro 4.) weiset, wie ers that, und daß die Klerisey darauf den Entschluß faßte, ihn zum Beitritt in diese Gesellschaft zu bevollmächtigen.

Winkelmann gieng also in den Klub; aber Niemand kann ihm vorwerfen, daß er jemals an den Thorheiten desselben den geringsten Antheil genommen habe; vielmehr hat er die Publicität einiger Thorheiten, die im Klub gepredigt wurden, kräftigst gehindert. Mehrere seiner Chorbrüder wollten dieser Gesellschaft sich einverleiben; aber er misrieth es ihnen: Es ist genug, sagte er, daß ich dabei bin; wir müssen nicht das Ansehen haben, als wollten wir dabei überwiegend seyn. Uns ist es genug zu wissen, was vorgeht, damit wir unsere Maasregeln darnach nehmen können, und zu diesem Ende braucht es nicht mehr als einen.

Der gute Ruf, den er sich bisher bei Jedermann erworben und das Zutrauen, das ihm dieser Ruf bei den Franzosen verschafft hatte, veran-

laßen diese zu ihrem Ruhme, sich seiner werk,
thätiger zu bedienen: aber diese guten Absichten
waren dem Herrn von Winkelmann unbekannt,
bis auf einmal die Proklamation zum Vorschein
kam, welche hier (Nro. 5.) mit dem Installations-
protokoll beilieget, und wodurch er zum Maire,
das ist, zur ersten obrigkeitlichen Person in
Worms ernannt war.

Ich hatte die Proklamation gelegentheitlich in
den ersten Augenblicken gelesen, als sie überbracht
wurde, und gieng auf der Stelle zu Herrn von
Winkelmann. Werden Sie das Amt annehmen?
fragte ich. Freilich wohl, war die Antwort, weil
es doch am Ende einer annehmen muß, und ich
mir schmeichle, fürs gemeine Beste eben so viel
Gutes und weniger Böses zu thun, als mancher
andere. Dabei, setzte er hinzu, weiß ich nicht,
was meine Weigerung für Folgen haben würde:
der Klerus hat sich in der Denkschrift an den General Custine zu allen Diensten anheischig gemacht;
soll nun ich, unter dessen Namen diese Schrift
ihm vorgeleget wurde, der erste seyn, der sie wi-
derleget? Und soll ich diese Gelegenheit aus Händen lassen, vielleicht manche Bedrückung von der
Geistlichkeit abzuwenden, die ein anderer nur
noch empfindlicher machen würde? Was mich är-

gert, fuhr er fort, ist, daß Böhmer, der es ohne
Zweifel schon lange wußte, mir nicht ein paar
Tage zuvor Nachricht gegeben und mich in Stand
gesetzet hat, meine Maasregeln zu nehmen. —
Ich wünschte ihm Glück und überließ ihn seinen
Geschäften, die nun sehr dringend zu werden anfiengen. Als Priester und Geistlicher Rath mußte
er seinen Vorgesetzten von diesem Ereignisse Nachricht geben: allein man wußte in Worms nichts
Zuverläßiges von dem Auffenthalte des Kurfürsten
von Maynz, noch weniger war man unterrichtet,
ob dieser Fürst einen Hof bei sich hatte und Re-
gierungsgeschäfte annahm. Winkelmann mußte
sich also begnügen, dem Vikariat die Anzeige zu
machen, welches er auch that, wie die Beilage
(Nro. 6.) mit sich bringet. Das Vikariat war
noch in Worms, war Augenzeuge von allem, was
geschah, wußte die Beförderung des Herrn von
Winkelmann zur Mairestelle, wußte, daß er in
den Klub gieng, daß die Denkschrift des Klerus
an den General Custine abgegangen war, und
schwieg zu allem, da ihm die Obsorge über die
Aufführung der Mitglieder der Klerisey von Amts
wegen oblieget. Was es blos zufälligerweise in
Erfahrung gebracht hatte, konnt' es zwar ignori-
ren; aber nicht, was ihm unter seiner Aufschrift
in gehöriger Form notificiret wurde. Da nun

auf diese Anzeige keine Antwort erfolgte, so konnte Winkelmann schliessen, daß man nichts dagegen einwenden wolle — daß man einwillige; er hat also die Märeſtelle mit Einwilligung des Vikariats — wo nicht angenommen, doch behalten — und es kann ihm nunmehr kein Verbrechen mehr daraus gemacht werden. Denn wenn das Vikariat triftige Gründe hatte, um diesen Schritt weder laut zu billigen noch zu misbilligen; so konnte doch die Absicht, den Herrn von Winkelmann ſtrafbar zu machen, unmöglich einer von diesen Gründen ſeyn. Offenbar fand ſich das Vikariat in eben der Verlegenheit, wie Jedermann, und durch die Finger zu ſehen, ſchien ihm das Klügſte zu ſeyn, was es thun konnte. Ein Verboth an den Herrn von Winkelmann hätte gefährliche Folgen haben können: denn wer weiß, ob nicht Cuſtine hierauf gleich das Vikariat auſſer aller Wirkſamkeit geſezet und alle Mitglieder deſſelben aus dem Lande gejagt hätte? Vielleicht war es ihm lieb eines ſeiner Mitglieder an dieſem Poſten zu ſehen und ſich dadurch einige Schonung verſprechen zu können. Es empfand auch wirklich einige Schonung: denn ich weiß, daß, nachdem alle andern Dikaſterien aufgehoben worden waren, einige ſich nicht ohne Aerger darüber wunderten, daß das Vikariat in ſeiner Wirkſamkeit blieb: vermuthlich, sagte man, geschieht es, weil wir einen Pfaffen zum Märe haben!

Dieses ist die Geschichte der drei Hauptvergehen, die diesem Manne zu Last geleget werden — die Verfassung der Denkschrift an den General Custine, sein Beitritt zu dem Klub und die Annahme der Märestelle. Meine Leser können versichert seyn, daß ich Ihnen diese Geschichte unverfälscht und seine Gesinnungen, Beweggründe und Absichten unverkleistert vorgeleget habe — und bei dieser Versicherung mögen sie selbst urtheilen, ob er bisher Lob oder Tadel, Belohnung oder Strafe verdienet habe. Meine Sache ist es nicht, ein Urtheil zu fällen, sondern die Geschichte zu erzählen und von dem, was ich erzähle die Beweise zu liefern, die ich zu liefern im Stande bin.

Winkelmann mußte bald erfahren, daß man's in einem öffentlichen Amte, mit dem besten Willen von der Welt, nicht Jedermann recht machen könne. So lieb ihn das Volk in Worms vor seiner Ernennung zum Märe gehabt hatte; so fand es doch jetzo, da er seine Obrigkeit geworden war, Ausstellungen an seiner Person und an seinen Handlungen zu machen. Die Neuheit der

Sache selbst, die Besetzung der ersten Aemter mit Katholiken (auch der Gemeindprokurator war dieser Religion) das Misvergnügen des alten Magistrats, einige zwar gute, aber etwas strenge Polizeiverordnungen, und dergleichen Umstände mehr, brachten die Gemüther in eine Art von Gährung, die bei Gelegenheit einer kleinen Rede, welche Posthalter Strauß hierüber im Klub gehalten hatte, ausbrechen zu wollen schien. Man hat es dem H. v. Winkelmann verdacht, daß er mit militärischer Bedeckung in des Posthalters Haus gieng und sich die Rede, die dieser eine halbe Stunde zuvor abgelesen hatte, einhändigen ließ: allein wenn man die Umstände, die damit verbunden waren, betrachtet, wenn man sein Betragen in der Folge dazu nimmt; so ist er vollkommen gerechtfertiget, und man ist überzeuget, daß es der Mühe nicht werth war, diese kleine Rede mit gehäßigen Noten drucken zu lassen. Winkelmann war nicht im Klub gewesen, wußte also von allem was vorgieng nichts. Ein Klubbist von der antimagistratischen Parthei lief auf die Wache, lief zum Märe, stellte diesem vor, daß alles in Aufruhr, und schleunige Hülfe nöthig sey. Es war eine stockfinstere Nacht: nach einer solchen Schilderung von Gefahr wäre es thöricht gewesen, wenn die erste obrigkeitliche Person, gegen welche der

Aufstand gerichtet seyn sollte, die Bedeckung von sich gewiesen hätte, die zu ihrer Sicherheit schon bereit war. Von allen gewaltsamen Verfügungen, die man ihm zugemuthet hatte, wollte er nichts wissen: er wollte die Rede haben und sich selbst zuvor unterrichten. Der Posthalter gab sie ihm mit der Versicherung, daß er nichts wider seine Person darinn finden würde, deren in der That mit Achtung gedacht war: Meine Person, antwortete Winkelmann kömmt hier gar in keinen Betracht. Dieser Auftritt war das Werk derjenigen die gegen den alten Magistrat arbeiteten und den Posthalter in Verdacht hatten, daß er mit dem Kollegio der Dreizehner zu Rathe gegangen sey: meine Leser werden aber gleich sehen, daß H. v. Winkelmann nicht von dieser Parthei war. Der Gemeindprokurator Löwer war in einer andern Rede, die am selbigen Abend abgelesen wurde, persönlich beleidiget worden: da nun ohnehin die Kriminalien zu seinem Amte gehörten, so war er froh, seine Sache zur Sache des gemeinen Wesens machen zu können, faßte beide Gegenstände zusammen und machte darüber einen Bericht an die allgemeine Administration in Maynz, dessen Inhalt man aus der darauf gefolgten Entschließung (Nro. 7) errathen kann, in welcher überaus strenge Maasregeln anbefohlen wurden. Aber

Winkelmann lehnte die Vollziehung dieses Befehls von sich ab: eines Theils war er durch sein gutes Gewissen und durch die Gesinnungen des Volkes selbst gesichert, das ihn noch immer schätzte, wenn es ihn auch nicht so sehr liebte, als zuvor; andern Theils hielt er mit gutem Grunde die Strenge nicht für das beste Mittel, Eintracht und Ruhe herzustellen, und einen bloßen Verdacht nicht für hinlänglich, Jemand seiner natürlichen Freiheit zu berauben. Der Erfolg hat gezeiget, daß er wohl that. Ruhe und Ordnung stellten sich von selbsten wieder her: durch unermüdetes Arbeiten und Ausübung jeder bürgerlichen Tugend gewann er das Zutrauen des Volkes in vollem Maaße. Der Posthalter war mit einem Verweise davon gekommen: die Faktion konnte zwar das Ding noch lange nicht verschmerzen und machte allerhand Bewegungen, um den Verfasser der Rede zu entdecken, wofür man den Ableser nicht halten konnte: allein es gelang ihr nicht die Sache wiederum rege zu machen, nachdem H. v. Winkelmann ihre Unterdrückung mit so triftigen Gründen angerathen hatte. Als einen Beweis von den menschenfreundlichen Gesinnungen dieses Mannes führe ich noch einen Auszug des Berichtes an, den er an die allgemeine Administration machte; da er die Personen zur Ergänzung der Munizipalität und

Besetzung anderer bürgerlichen Aemter in Vorschlag brachte: „Uebrigens, sagt er, würde die
„ Absicht der allgemeinen Administration gewiß
„ nicht verfehlet werden, wenn hiebei der vor=
„ züglichste Bedacht darauf genommen würde,
„ soviel möglich, Niemand aus einer bisherigen
„ Versorgung brodlos zu setzen. Auch diejenigen
„ werden einen menschenfreundlichen Bedacht zur
„ Beibehaltung ihrer Besoldung oder Lebsucht
„ verdienen, welche im Grunde gute Männer
„ sind, und aus Alter oder aus Abgang der Kräf=
„ te zur dermalen nothwendigen Thätigkeit nicht
„ angestellet werden können, und beim Mangel
„ sonstigen Vermögens durch die neue Verände=
„ rung in Dürftigkeit versetzet werden: „ wie 2c.
(hier folgen die Namen derjenigen, deren Schick=
sal ihm am Herzen lag, Männer von alten Dien=
sten bei der Stadt.)

Unterdessen fieng er an, die Last seines Am=
tes täglich mehr zu fühlen: so schmeichelhaft es
für ihn seyn mußte, durch sein Betragen die Liebe
und Achtung seiner Mitbürger und der Franzosen
zugleich verdienet zu haben; so erlag er doch unter
den Beschwerden und sehnte sich nach Ruhe und
Erholung. Er wünschte daher seines Amtes los
zu seyn, und eröffnete der allgemeinen Admini=

stration diesen sehnlichen Wunsch in dringenden Ausdrücken, wie aus der Beilage (Nro. 8) zu ersehen ist. Allein die Administration gewährte seine Bitte nicht, nach der Anlage (Nro. 9) Winkelmann hat zwar sein Entlassungsgesuch blos allein auf die Zerrüttung seiner Gesundheitsumstände gegründet; es ist aber sehr wahrscheinlich, daß sein Mißfallen an dem Betragen der Franzosen, das gar vielfältig seine guten Absichten vereitelte, großen Theil daran hatte. Er sah sich in seinen Hofnungen betrogen; denn ich weiß, daß er diese Nation nicht gekannt hatte, und nun wünschte, sie niemals kennen gelernt zu haben. Es blieb ihm also keine andere Aussicht mehr übrig, auf eine gute Art von seinem Amte zu kommen, als die zukünftige Volkswahl, wozu man schon anfieng Anstalten zu machen, und wo er sich unfehlbar versprach, durch einen andern abgelöset zu werden. „Sie werden keinen Katholiken wählen" sagte er mir. „Wenn die Sache von langer Dauer „seyn könnte," war meine Antwort, „so möch„ten Sie wohl Recht haben." Darauf sah er mich bedenklich an und schwieg. So sehr Winkelmann verlangte, die Zwischenzeit abzukürzen; so sehr wünschte die Stadt Worms, sie zu verlängern: doch bin ich versichert, daß, wenn es von ihm abgehangen hätte, er am Ende gerne die

Last noch eine Zeitlang getragen haben würde, um seinen Mitbürgern die Auftritte zu ersparen, die dieser Wahl vorgiengen und folgten. Die strengen Maasregeln, welche die französischen Kommissäre anbefohlen hatten, um die Ablegung des Bürgereides und das Wahlgeschäft zu Stande zu bringen, konnte er zwar nicht ganz vereiteln, das stand nicht in seinen Kräften: aber er that, was er nur immer konnte, um ihnen auszuweichen oder sie zu mildern. Greise, die wegen einer ehemals bekleideten Magistratsstelle auf ihre alten Privilegien Verzicht leisten, oder die Stadt meiden sollten und sich weder zu diesem noch zu jenem bequemen wollten, bath er aufs inständigste, ihm und ihren Familien das Herzeleid zu ersparen, sie mit Gewalt fortführen zu lassen. Den Bürgereid abzulegen, fand er nach seiner Denkungsart gar nicht bedenklich; denn er sah ihn für ein Aequivalent des Huldigungseides an, den der Ueberwinder öfters ablegen läßt. Gewohnt zu reden und zu handeln, wie er dachte, ließ er's also an Zureden und Belehrungen nicht ermangeln, die alle dahin zweckten, dem Volke einen richtigen Begriff von der Sache zu geben und es vor den traurigen Folgen zu warnen, denen es sich durch seine Weigerung aussetzte. Wirklich waren bei dem ersten fruchtlos abgelaufenen Wahl-

C

tage die Kanonen aufgeführt und die Lunte angezündet worden: bei der mindesten Bewegung zur Unruhe war ein Blutbad unvermeidlich. Zum Beweise, mit welcher Strenge die Franzosen zu Werke giengen, will ich unter den Beilagen (Nro. 10.) eine Proklamation einschalten, welche die Folge der ersten Weigerung gewesen ist. Winkelmann benutzte den Aufschub, den er und seines gleichen erwirket hatten, um die Gemüther besser vorzubereiten, und ließ eine Anrede an seine Mitbürger drucken, die der Leser unter der folgenden Ziffer findet. (Nro. 11) Durch solche, in den damaligen Umständen wirklich menschenfreundliche Bemühungen gelang es ihm, die Gesinnnngen des Volkes so zu stimmen, daß es sich zum Eide und zur Wahl über alle Erwartung bereitwillig finden ließ. Wer gegen diesen Eid etwas einzuwenden hat und darum diejenigen für strafbar hält, die dazu riethen, dem will ich zwar seine Meynung nicht abdemonstrieren; aber bitten muß ich ihn, daß er einem Manne nicht berathen möge, dazu gerathen zu haben, der einer andern Meynung war, dem es sein Amt zur Pflicht machte, das Uebel abzuwenden das seine Mitbürger bedrohte und der dazu nur dieses einzige, seiner Meynung nach unschuldige Mittel sah.

Winkelmann hatte sich, sobald es mit der Wahl Ernst zu werden anfieng, überzeugen können, daß er zu seiner Erleichterung umsonst darauf geharret habe. Wozu eine Wahl? hieß es allerseits, wir sind mit den Vorgesetzten vollkommen zufrieden, die General Cüstine uns gegeben hat — wir brauchen und wollen keinen andern Märe, als diesen. Unterdessen wurden doch viele Veränderungen gemacht, nur Winkelmann durfte sein Kreuz nicht von der Schulter legen: denn ausser den Stimmen einiger Freunde, die er inständig gebethen hatte, ihn mit dieser Ehre zu verschonen, fielen fast alle auf ihn. Er konnte es versuchen abzudanken: allein dieser Versuch hatte ihm schon einmal fehlgeschlagen; er wollte sich also nicht zum zweitenmale eine vergebliche Mühe machen. Dazu kam, daß die zu andern Aemtern gewählten Männer einstimmig erklärten, daß sie seinem Beispiele folgen würden, wenn er seine Entlassung erhielte: wollte er also nicht neue Auftritte von schlimmern Folgen veranlassen; so durft' er nicht einmal den Versuch machen. Was ihn ferner bewog, sich seinem Schicksale zu überlassen, war die Besorgniß, wenn man ihn der Märestelle entlassen würde, zum Nationalkonvent nach Mayny erwählet zu werden, wovor es ihm, wie er mich versichert hat, noch weit mehr graute, als vor diesem Amt, und er war ungewiß, ob man sich die Ernennung zum Deputirten ohne ehehafte Ursachen verbitten dürfte. Der Abscheu, den er vor dem rheinisch-deutschen Nationalkonvent hatte, beweiset, daß er kein Freund von den Anordnungen der Franzosen war, denn er gab zur Ursache seines Widerwillens die gehäßigen Dekrete und die Lokalkommissionen an, die er vorsah, und die gar nicht nach seinem Geschmacke waren. Was ihn daher bei seiner erneuerten Misstelle am meisten tröstete, war, daß die Franzosen die Munizipalität mit den Exekutionen gegen die Ausgewanderten und nicht — Geschwornen verschonten, indem sie zu diesem Ende eigene Kommissarien ernannt hatten. In Worms war einer, Namens Betz angestellet, der eben so wenig als Winkelmann ein Liebhaber von grellem Verfahren war: beide zusammen thaten also so viel Gutes und so wenig Böses, als nur immer möglich war. Schon vor dem ersten Wahltage (es war der 24te Febr.) sollten alle Wappen an adelichen Häusern und andern Gebäuden zernichtet werden: Winkelmann befahl aber dem Maurermeister alle Wappen die er abnehmen könnte unversehrt in Sicherheit zu bringen, was sich nicht abnehmen ließe, mit Speiß zu verwerfen und so viel möglich wäre, nichts zu verderben. Den

Emigrirten wurde zwar obsignirt, aber auſſer dem Niemanden ein Nagel an einer Wand verrücket. Einigen Bürgern, die sich gegen die Zumuthungen der Franzosen etwas unbescheiden ausgedrückt hatten, half er selbst zur Flucht und entzog sie der Rache ihrer Feinde. Wenn Jemand gelitten hat; so geschah es gewiß nur dann, wann ihn der Märe nicht retten konnte. Bei diesen populären Gesinnungen und Handlungen besaß er das Zutrauen der Franzosen in einem sehr hohen Grade und er benutzte es ohne Ausnahm zum Besten aller, denen es nützen konnte. Einen Beweis von diesem Zutrauen giebt die Unversehrtheit des fürstlichen Jägerhauses und anderer Gebäude auf der andern Seite des Rheins, welche der Kommandant Aubert Dubayet zweimal wollte zusammen schießen laſſen aber allezeit durch die Vorstellungen des H. v. Winkelmann davon abgebracht wurde. Der Freifrau von Sickingen in Mannheim verhalf er zu 10 Stück Wein aus dem Keller ihres H. Oheims in Worms, nachdem es schon verbothen war, etwas aus geistlichen Häusern wegzuführen. General Custine hatte nach erhobener Brandschatzung erkläret, daß sie ganz allein dem alten Magistrat aufgebürdet, folglich einzelnen Bürgern das, was sie dazu beigetragen hatten, zurückgegeben werden sollte; indem nicht die Bürgerschaft, sondern der

Magistrat der Feind der Franzosen und der Gegenstand ihrer Rache wäre. Winkelmann wurde während der Verwaltung seines Amtes öfter angegangen, diese Erklärung des Generals in Vollzug zu setzen: und die Pupillen- und Depositengelder durch Versteigerung des Vermögens der Dreizehner wieder zu erstatten; er that aber was er konnte, um die Ausfertigung eines förmlichen Befehls hierüber zu hintertreiben und die Ausführung einer Ungerechtigkeit zu hindern, wodurch alle Magistratsfamilien ins Verderben wären gestürzet worden. Die Franzosen sahen bekanntlich alles Vermögen der Geistlichkeit als eine Sache an, womit sie nach Belieben schalten und walten konnten: Die Häuser derjenigen Geistlichen welche ausgewandert waren, sollten daher vorläufig zu Kasernen gebraucht werden. Die Franzosen verlangten's, und die Bürgerschaft hätte es nicht ungerne gesehen, weil sie dadurch der Einquartierung überhoben worden wäre. Man war noch nicht zufrieden mit dem fürstlichen Schlosse und einigen Domherrnhäusern; man wollte sie alle haben: Winkelmann rettete noch die Dohmdechaney und die Wohnhäuser der H. H. von Hoheneck, von Wessenberg und von Hohenfels. Alles retten zu wollen, wäre das Mittel gewesen, seinen Credit zu verliehren und gar nichts retten zu können; denn nur allein durch den Credit, in welchem er sich bei den Franzosen zu erhalten wußte, gelang es ihm, sich im Großen und Kleinen seinen Mitbürgern nützlich zu machen. Es ist freilich in Worms nicht immer jedem nach seinem Kopfe gegangen, dieses war auch ganz und gar unmöglich; aber man vergleiche den Zustand der Städte Maynz und Speyer mit jenem von Worms, so wird man einen großen Unterschied finden. Er konnte als Märe sich das bequemste Domherrnhaus in Worms zur Wohnung aussuchen, wie es anderswo geschehen ist: er blieb aber in seiner kleinen Wohnstätte, die sehr weit von dem Burgerhofe entlegen ist, und half sich, so gut er konnte.

Aus dergleichen Zügen läßt sich schließen, daß er das Regiment der Franzosen in Deutschland keines Wegs für gesichert hielt, sondern seinen nahen Umsturz, so gut als Jemand, vorsah: wiewohl es die Klugheit ihm mehr als einem andern zum Gesetze machte, es nicht öffentlich zu sagen: Den stärksten Beweis von dieser Gesinnung gab er mir (ich hatte ihn niemals über diesen Gegenstand zur Erklärung bringen wollen) als das Gutachten bekannt wurde, welches die Kurmaynzische Kanzlei am Reichstage zur Diktatur gab, um den Reichsbann, welcher schon gegen diejenigen verhängt war, die französische Dienste angenommen hatten, auch auf diejenigen ausdehnen zu lassen, die sich zu Munizipalämtern würden gebrauchen lassen. Man will also dieses Volk recht ängstigen, sagte er, und diesen Theil Deutschlandes der Wuth der Franzosen Preis geben; damit wenn die alten Herren in ihre Staaten zurückkommen, sie ein verheertes Land und verarmte Unterthanen antreffen? — Man muß in der Entfernung die Sache weit anders gesehen haben, als sie war: vermuthlich hat man sich vorgestellet, daß das Volk mit Freuden zur Wahl lief, und daß jeder begierig nach einem Aemtchen schnappte. Allein wenige einzelne ausgenommen, fand man durchaus das Gegentheil: alles mußte durch Drohungen und Theils durch wirkliche Vollziehung dieser Drohungen erzwungen wurden. Sobald nun Niemand sich wählen lassen durfte, so konnte auch Niemand zur Wahl gehen, aus Besorgniß, sie möchte auf ihn fallen: die Franzosen mußten also entweder von ihrem Vorhaben abstehen, oder das Land feindlich behandeln, d. i. nach ihrer Art zu denken, es mit Plünderung, Mord und Brand verheeren; jenes war nicht zu hoffen, man mußte also dieses fürchten.

Die Ankunft der deutschen Kriegsvölker in diesen Gegenden war also für den Herrn von Winkelmann nicht unerwartet. Wenn er sich demnach nicht vorgesehen hat, um sich einer Bestrafung zu entziehen; so geschah es aus dem Grunde, weil er ein reines Gewissen hatte, und sich für unsträflich hielt. Meine Leser haben bereits gesehen, daß es nur bei ihm gelegen hätte, einen oder mehrere Dreizehner von Worms als Geißeln zu seiner Sicherheit nach Landau führen zu lassen: Custine, der ihn schätzte und noch bei seinem Rückzuge in Worms mit ihm sprach, both ihm alle Sicherheit an; allein er sagte, er wollte und bedürfte keine andere Sicherheit als jene, die ihm seine Handlungen gewährten. Ein großer Beweis für die Unschuld eines Mannes ist, seinen Richtern entgegen zu gehen. Es hatten sich einige Wormser geflüchtet; andere, die sich ebenfalls würden geflüchtet haben, waren als Volksdeputirte in Maynz eingesperret. Winkelmann verließ, auf dringendes Zureden des Kriegskommissär B ü h o t, dessen Andenken Jedermann schätzet, der ihn kannte, die Stadt nur auf drei Tage, die er zu Kirchheim zubrachte, um nicht den Exekutoren in die Hände zu fallen, ehe er einen Richter zu sehen bekäme. Bühot hatte ihn gut berathen: denn wenn er auch nicht wäre gemißhandelt worden; so hätte er doch fürchten müssen, es zu werden. Nach drei Tagen kam er wieder, stellte sich dem Prinzen von Hohenlohe und andern Herrschaften in Worms vor und gieng nachher zum König von Preußen nach Guntersblum, der ihn, so wie der Herzog von Braunschweig sehr gnädig empfieng. Jedermann fand einen Mann von viel Verstand an ihm, und wurde durch seine Freimüthigkeit und durch sein offenes Wesen zu seinen Gunsten eingenommen. Allein kurz darauf kam der Kurfürst von Maynz zum König und sagte, daß viele von seinen Beamten und auch Geistliche sich bei diesen Umständen zu weit vergessen hätten, und daß er dieserwegen scharfe Maasregeln werde ergreiffen müssen. Seine Majestät versicherten den Kurfürsten, daß Sie es ihm nicht würden an militärischer Hülfe gebrechen lassen. Dieses war die Losung zur Verhaftnehmung des Herrn von Winkelmann, wozu der Befehl sogleich nach Worms kam und vollzogen wurde. Er wurde unter militärischer Bedeckung nach Frankfurt transportirt: da er auf der letzten Station keine Schäse bekommen konnte, sondern sich eines Karrens bedienen mußte; so wollte er zu Fuß durch die Stadt gehen. Da lief der Pöbel zusammen, schrie Freiheit und Gleichheit, und ein Unhold packte ihn bei der Schulter, als wäre er schon Vogelfrei. Winkelmann stieß ihn von sich und sagte zu seinen Begleitern: Sie sind hier, um mich zu beschützen: wenn sie ihr Amt nicht versehen wollen, so muß ichs selber thun. Er wurde sodann auf die Hauptwache geführt, da von den Frankfurter Soldaten, rein ausgeplündert, in Ketten gelegt und auf die Pritsche geworfen. In diesem Zustande fand ihn ein Menschenfreund, den der Ruf von der Rechtschaffenheit dieses Mannes mehr als sein Amt herbei geführt hatte: dieser ließ ihn in ein geheiztes Zimmer bringen und verschaffte ihm so viel Gemächlichkeiten, als die Umstände zuliessen. Sein Gefängnißort ist Königstein, wohin er des andern Tags geführt wurde.

Dieses ist die Geschichte der bisherigen Schicksale dieses Mannes, so weit sie mir bekannt, und dazu geeignet sind, einiges Licht über die neueste Geschichte von Worms zu verbreiten. Was noch ferner über ihn verhängt werde, muß die Zeit lehren. Daß er eine strenge Untersuchung werde auszustehen haben, kann man sich leicht vorstellen: denn wer nur immer mit den Franzosen in engem Umgange war, ist im Verdacht, schon vor ihrer Ankunft mit ihnen in einigem Verhältnisse gestanden zu seyn, oder wenigstens seither an ihren gefährlichen Absichten Theil genommen zu haben. Ob Herr von Winkelmann ein solches Vergehen auf sich habe, kann ich zwar mit Gewißheit weder bejahen noch verneinen; aber allen Umständen nach ist es wenigstens im höchsten Grade unwahrscheinlich. Um mich nicht wiederholen zu müssen, bitte ich meine Leser, die Thatsachen, welche in dieser kurzen Erzählung angeführet und zum Theil ausführlicher in den Beilagen enthalten sind, in Bezug auf diese Frage, noch einmal zu überlegen. Der große Credit, den er bei den Franzosen hatte, ist ganz sicher blos eine Wirkung seiner Verdienste im allgemeinen, nicht aber besonderer Verdienste um ihre Sache gewesen, auffer so weit es die Umstände und selbst die Wohlfahrt seiner Mitbürger nöthig machten, den Franzosen zu dienen. Für seine Mitbürger war es ein großes Glück, daß er von den Franzosen geschätzet wurde; denn er hat dadurch manches Unglück und manche Drangsal von ihnen abgewendet. Noch in der letzten Nacht vor ihrem Abzuge erwirkte er durch kniefälliges Bitten bei den Generalen Cüstine und Villemanzy, daß die Magazine in der Stadt nicht angezündet wurden, wodurch nicht nur einige Kirchen, sondern auch vielleicht ein Theil der Stadt in Rauch aufgegangen wären. Diese Thatsache würden ihm diese beiden Generale sowohl als der Kriegskommissär Bühot, der ihn unterstützte, bezeugen, wenn es noch Zeugen brauchte, seine Verdienste um die Stadt Worms zu beweisen. Eben dieser Kriegskommissär sagte zu Jemanden in der Stadt:

Ihr Märe ist ein Mann, den ich küſſen möchte; mit welcher Wärme, mit welchem Eifer er vor den Kommiſſären für ſeine Bürger geſprochen habe, das kann man ſich nicht vorſtellen, ohne es gehört zu haben.

Alles zuſammen genommen hat Herr von Winkelmann ſein Amt mit ausgezeichnetem Ruhme verwaltet. Wenn auch Jemand, der ſich bei veränderten Umſtänden ein Verdienſt daraus machet, ihn zu tadeln, hie und da eine einzelne Handlung findet, die der Kritik ausgeſetzet iſt; ſo muß er doch geſtehen, daß der lobenswürdigen ungleich mehr ſind. In ſeinem ganzen, aufferordentlich geſchäftigen Leben herrſcht ein Plan, der auf Menſchenliebe, Gerechtigkeit und Rechtſchaffenheit gegründet iſt. Die Armen vermiſſen an ihm einen Vater: denn da ſeine eigenen Bedürfniſſe über alle Glaubwürdigkeit eingeſchränket ſind; ſo fehlte es ihm, auch bei mäßigem eigenen Vermögen, niemals an Mitteln, die ihm angebohrne Wohlthätigkeit auszuüben. Alle Dürftigen ohne Unterſchied hatten Anſpruch auf ſein thätiges Mitleid: immer fand man Preßhafte in ſeinem Hauſe, an denen er ſelbſt pfläſterte, ohne an den ſcheußlichſten Wunden Eckel zu haben, und denen Speiſ und Trank nebſt Lagerſtatt zu Gebothe ſtand.

Hatte er Niemand im Hause, so pflegte er Kranke in der Stadt, denen er nebst dem Bette die Kost und Medizin schickte. Bei so allgemein bekannter Wohlthätigkeit schämet sich der hämische Notenmacher zur Straußischen Rede nicht zu sagen: Winkelmann habe hie und da eine erkünstelte gute Handlung gethan. Ich fordere den Mann auf, solche Handlungen zu erkünsteln. Man muß sagen, daß Winkelmann so handelte, so lang er in Worms war, und dann zeigen, welches mächtige Interesse ihn gegen alle Wahrscheinlichkeit vermögen konnte, sich so viele Jahr Gewalt anzuthun, wenn man behauptet, daß es aus besondern Absichten geschehen sey: zeigen, beweisen muß man's, nicht blos sagen. Er hat während seinem Amte seine Macht nicht einen Augenblick gemißbrauchet, um sich an seinen Feinden zu rächen: man kann vielmehr sagen, daß er, wo er's konnte, sie mehr geschonet habe, als andere, um nur den Verdacht nicht zu haben, als wollte er sich rächen. Diese Großmuth ist ihm aber seit der kurzen Zeit, als er im Unglüke ist, schlecht vergolten worden; indem anstatt Erkenntlichkeit, Verläumdung, Mißhandlung, Unrecht sein Lohn sind. Ich könnte darum einzelne Thatsachen anführen und beweisen: aber mein Vorsatz war, für den Herrn von Winkelmann zu thun was ich vermochte, ohne Jemand zu schaden. Ich will das Menschengefühl meiner Leser nicht empören, damit sie nicht aus der kaltblütigen Fassung kommen, die bei Fällung eines richtigen Urtheils nöthig ist. Man hat es versuchet, die Klerisey und die Bürgerschaft von Worms zu bewegen, daß sie öffentlich für ihn auftreten und die Verdienste, die er um sie hat, bezeugen sollten: aber vergebens! Nicht weil man diese Verdienste miskennet, sondern weil man nicht Muth genug hat, sie zu bekennen. Nun so sey dir unglücklicher Freund! hier ein Denkmal von einem Manne geweihet, dem du niemals einen Dienst erweisen konntest, und der dich blos deinetwegen liebt. Läßt mir der Himmel den Trost, daß du keines andern Verbrechens schuldig bist, als deren ich in dieser Schrift Erwähnung gethan habe, so sehe ich, getrost auf die Gerechtigkeit deiner Richter, dem Ende deiner Leiden, und deiner Umarmung mit froher Hofnung entgegen.

Beilagen.

Nro. I.

Bericht über die von den vier Kollegiatstiftern in Worms geleistete französische Contribution.

Bei der strengsten Mannszucht und Ordnung, und bei dem durchgängig lentseligen und menschenfreundlichen Betragen, welches sowohl die H. H. Offiziere als die Gemeinen der französischen Armee während ihres Aufenthaltes dahier vom 4ten bis auf den 7ten dieses gegen alle Einwohner ohne Unterschied des Standes bezeigten, war die Contribution und die beigefügte Drohung von Feuer und Schwerdt mit dem daraus entstandenen Schrecken das einzige Uebel, was die Stadt und die Klerisey betroffen hat.

Da in dem erſten Anſatze der Contribution,
nämlich für die Stadt   600000 ℔.
            für den Fürſtbiſchoffen 400000 —
            für das Domkapitel 200000 —
die Kollegiatſtifter gar nicht benannt waren; ſo
hielten ſich dieſe im Anfange ganz ſtille: es geſchah
aber bald von zweyen Seiten das Anſinnen eines
Beitrages an ſie; erſtens vom Domkapitel mit
Bezug auf die Union, zweitens von der Stadt
mit Bezug auf die gemeine Noth und Sicherheit.

Beiden auszuweichen, war (wenn man auch
Herz und Augen für die Billigkeit hätte ver-
ſchließen wollen) in der That unthunlich: es be-
durfte nur einer Anzeige von einem oder dem andern Theile bei dem kommandierenden General;
ſo würden die Stifter für ihre unſchickliche Weigerung deſto härter mitgenommen worden ſeyn.

Der Beitrag zum Domkapitel nach dem Unions-
fuße würde gegen 104000 ℔ betragen haben; und
der Beitrag zur Stadt würde die Stifter beim Abgan-
ge irgend einer Vertheilungsregel der Gewaltthätig-
keit und den Ränken des Magiſtrats-Preis gegeben haben: nebſt dem würden ſie durch den frei-
willigen Anſchluß an einen Theil gegen die An-

sprüche des andern niemals in Sicherheit gewesen seyn.

Das Rathsamste war also, den H. General Cüstine in Speyer um die authentische Erklärung bitten zu lassen, daß die Kollegiatstifter unter der dem Domkapitel auferlegten Summe begriffen seyen.

Dieser erste Versuch mislung zum Theil: H. General Cüstine war nicht geneigt dem Domkapitel auf irgend eine Art eine Verminderung des ersten Ansatzes zu gewähren, sondern er machte für die vier Kollegiatstifter einen besondern Anschlag von 50000 fl.

Hiedurch war nun freilich noch zur Zeit nichts anders gewonnen, als die Bestimmtheit, oder die Bestätigung aller Streitigkeiten über die Frage: wie viel und an wen die Kollegiatstifter zu zahlen hätten; der wichtigste Vortheil in der Folge aber bestand darinn, daß die Stifter von jenen Haupttheilen abgesondert wuren, welche sich den Haß der französischen Nation zugezogen hatten und auf welche der Schlag von da gerichtet war. Auf diese Art war die weitere Unterhandlung für die Stifter erleichtert, wozu Unterzogener die Freundschaft des H. Professors Böhmer benutzte, von dessen guter Gesinnung für die Klerisey er bei Gelegenheit des Nebelischen Manuscripts schon eine überzeugende Probe erhalten hatte.

Da Unterzogener wußte, daß H. Prof. Böhmer sich für die Stadt — und für die Bürgerschaft insbesondere bei dem H. General Cüstine verwendete; so bath er ihn, zugleich auch für die Kollegiatstifter, welche eine so starke Nahrungsquelle der Bürgerschaft sind, und in dieses harte Schicksal nur zufälligerweise, ohne den mindesten Antheil an der Veranlassung zu haben, mitgerissen wurden, gleichfalls sein Gewicht und seine eindringende Beredsamkeit zu verwenden.

Inzwischen bestrebte sich Unterzogener um die Geneigtheit des hier kommandierenden H. Generals Neuwinger, wozu ihm das Vertrauen des besagten H. Generals auf dem ehemalig französischen Lieutenant Frh. v. Hortal in Pfeddersheim (eines nahen Anverwandten von Unterzogenen) großen Vorschub leistete, und es gelang ihm so weit, daß er noch am Tage des Abmarsches von dem H. General das laute Zeugniß erhielt: daß er der thätigste und eifrigste Mann gewesen, der alle Kräfte angestrenget habe, für seine Prinzipalschaft Gehör zu leisten.

Ungeachtet Unterzogener Grund hatte, von der bekannten Wärme des H. Prof. Böhmer, und von seinem rastlosen Bestreben für jede gute Sache, die er einmal ergriffen hat, das Beste zu hoffen; so übertraf doch dießmal der Erfolg noch die Erwartung. In der letzten, den Tag vorm Abmarsche verkündeten Ordre des H. Generals Cüstine, worinn die ersten Ansätze für den Herrn Fürstbischoffen und das Domkapitel unverändert blieben, worinn die Abtey Mariä-Münster mit 40000 lb. und die übrigen vier armen Klöster mit 150000 lb. angesetzet sind, wurden die Kollegiatstifter mit ihrem Contributions-Antheil auf 30000 lb. also von 50000 fl. auf 13750 fl. herabgesetzet, und dadurch in Stand gesetzet, die letzte kurze Zahlungsfrist bis den andern Vormittag einzuhalten.

Unterzogener hatte schon in der Nacht vom 5ten auf den 6ten dieses bei des H. Grafen von Elz Excell. zu Maynz 3000 fl. auf die vier Stifter aufgenommen. H. Canonicus Stark aus dem St. Martinsstifte hatte eine vergebliche Reise, um Geld beizubringen, nach Mannheim gemacht, war aber in seiner zweiten Reise mit H. Dechant-Beß so glücklich, einige tausend Gulden allda zu erlangen. Auch wurde durch H. Kustos Haußmann

aus dem St. Paulstifte, welcher während diesen
Trubeln zurückgekommen war, und durch H.
geistl. Rath Gundlach in der Nachbarschaft noch
ein Kapital von 5000 fl. erhalten — und übrigens wurden, da die ohnehin schwachen Stifts-
kassen geflüchtet waren, einzelne Beiträge von den
wenigen zurückgebliebenen Stiftsgliedern zum Theil
auch von hinterlegten Geldern gesammelt — so
gar auf alle Fälle, da man des glücklichen Aus-
ganges der letzten Geldnegoziationen nicht versichert seyn konnte, das Silbergeräth aufgenommen, weil man noch auf einem andern Platze die
Zusage auf ein Kapital gegen Versatz hatte.

Allein die Stifter wurden durch die glücklichen
Bemühungen der vorbemeldten Mitglieder dieses
letzten Nothmittels überhoben und dabei in Stand
gesetzet, die Depositengelder und andere kleinere
Beiträge auf der Stelle wieder zu erstatten. Von
Seite des St. Andreasstiftes wirkten H. Schola-
ster Kilbert und H. Sindikus v. Löwer nach allen
Kräften mit.

Die Communikation mit dem Stifte zu U. L.
Fr. war durch die Sperrung der Stadt, wo nicht
ganz abgeschnitten, doch sehr erschweret: dieser
Umstand und die Unvermögenheit des Stiftes

ließen den zween hier gebliebenen H. H. Kapitularen Schnernauer und Krämer nichts als den Wunsch zur gemeinschaftlichen Beiwirkung übrig.

unterschrieben
K. v. Winkelmann,
Procurator v. Cleri.

Nro. 2.
Denkschrift

An den Bürger, General Cüstine, Kommandanten der französischen Armeen am Rhein.

Zu einer Zeit, wo die französische Nation ihre gerechte Rache auf die Personen ihrer Feinde einschränket, und den Völkern, welche von jeher gewohnt waren, die Sünden ihrer Beherrscher zu büßen, durch ein in den Jahrbüchern des Krieges unbekanntes Beispiel der Gerechtigkeit die brüderliche Hand mit dem kostbaren Geschenke der Freiheit anbiethet; zu dieser Zeit wo die sonsten von dem Geräusche der Freiheit verscheuchte Freiheit und Gerechtigkeit ihre sicherste Freistätte in der Mitte der siegenden Heere findet, deren Anführer und Mitbürger Cüstine das Eigenthum aller derjenigen, die nicht Feinde seiner Nation sind, kraft öffentlicher Verkündigungen in seinen mächtigen Schutz nimmt, glaubt Unterzogener dieselbe Gerechtigkeit, die Feindin aller Vorurtheile, auch für die Wormser vier Kollegiatstifter, deren Organ er ist, anrufen zu dürfen.

Bereit zu allen, auch den schwersten Aufopferungen, die das gemeine Wohl dermal und in jedem Falle erfordern wird, verlangen die vier Kollegiatstifter nur die Erhaltung dessen, was mit dem gemeinen Wohl verträglich ist. Hierauf glauben sie, einen um so festern Anspruch zu haben, indem sie alle ihre Besitzungen, sowohl Güter als Rechte, unter dem Schutze der bisherigen Gesetze erworben haben. Da es ein allgemein anerkannter Satz ist, daß kein Gesetz rückwärts wirken könne; so würde ein jedes neue Gesetz, das ohne Nothwendigkeit für's gemeine Beste, ihre bisherigen Erwerbungen als nichtig erklären und ihnen ihre Besitzungen entreissen wollte, eine Ungerechtigkeit, eine Verletzung der Sicherheit und der Redlichkeit seyn.

Es sey dem Unterzeichneten erlaubt von diesen allgemeinen Regeln die bestimmte Anwendung zu machen.

So lange die alte Verfassung noch bestehet, sind die Glieder der vier Kollegiatstifter Mitbewohner der Stadt Worms, und genießen Kraft öffentlicher Verträge den gemeinschaftlichen Schutz der Geseze und die Rechte eines Mitbürgers.

Diese Rechte sind ihnen um so fester zugesichert, als sie für die Bürgerschaft eine der ersten Quellen der Nahrung und des Wohlstandes sind; indem die Klerisey ihre größten Theils aus andern Staaten beziehenden Einkünfte in dem Schooße der Stadt verzehret.

Da nun General Custine im Namen der fränkischen Nation für die persönliche Sicherheit und das Eigenthumsrecht aller einzelnen Glieder des Staats in Worms eben sowohl bürget, als in allen andern Städten, wohin seine siegenden Waffen reichen; so versprechen sich die vier Kollegiatstifter, daß sie nicht nur in Ansehung ihrer Mitglieder, sondern auch, wie bisher, als Körper betrachtet (so lange die gegenwärtige Verfassung nicht durch eine neue, feste erseßet wird) unter dieser heiligen Zusicherung mitbegriffen zu seyn und daß man sie, nach bereits entrichteter Contribution, nicht ungünstiger als andere Bürger behandeln werde.

Die Stiftsgeistlichkeit machet zwar einen nicht unbeträchtlichen Theil der Stadtbewohner aus; allein da sie von allem Antheil an der bürgerlichen Regierung und öffentlichen Verwaltung ausgeschlossen ist, so bleibt ihr bei ihrer, von den herrschenden Begriffen voriger Zeiten herrührenden stillen Bestimmung nichts als der Anschluß an das Ganze übrig. Sie kann also auch dermal, bei ihrem besten Willen, nichts anders als ihre Bereitwilligkeit auf den Fall an Tag legen, wenn die Bürgerschaft oder das Volk sich, nach dem großen Beispiele und unter dem mächtigen Schutze der fränkischen Nation, zu einer neuen Verfassung entschliessen sollte.

Die Stiftsgeistlichkeit zu Worms hatte, ungeachtet ihrer bisherigen Vorrechte, mit Bürgern und Volk gleiche Erfahrung, und obschon die Widersacher der fränkischen Staatsumwälzung nicht ermüdeten, die Grundsätze von Freiheit und Gleichheit, die unerschütterlichen Pfeiler der neuen Constitution, durch boshafte Auslegung verdächtig zu machen; so ist doch besagte Geistlichkeit aufgeklärt genug, um den ächtern, menschenbeglückenden Sinn hievon einzusehen und solche vereinigt mit ihren Mitbürgern von ganzem Herzen anzunehmen.

Sie erbiethet sich demnach zu allem, was eine Folge von diesen Grundregeln ist — als zu dem Bürgereide, zu allen bürgerlichen Abgaben, Lasten und Diensten ohne Ausnahme: sie wird aller fremden kirchlichen und bürgerlichen Abhängigkeit, welche man mit der Freiheit des Staates unverträglich finden wird, entsagen: sie wird aber auch zur Vergeltug dieser Aufopferungen sich auf die Grundsätze von Freiheit und Gleichheit berufen, um alle Rechte der Aktivbürger zu geniessen und um eben sowohl, wie ihre katholischen Mitbürger, gemäß der allgemeinen Religionsfreiheit, das Band der Einigkeit und des Glaubens zu erhalten, welches nach dem Grunde und den Unterscheidungsbegriffen des katholischen Lehrsystems, gereinigt von allen verjährten Zusätzen der mönchischen Schlußmacherei die ganze Kirche zusammenfasset.

Da die Nation, die ihre Freiheit so glorreich errungen hat, weit von dem Uebermuth siegender Tyrannen entfernt ist, ihre Waffen zur Unterdrückung zu brauchen oder andern Völkern Gesetze aufzubringen — da die Neufranken vielmehr den Völkern, die in ihrer Gewalt stehen, großmüthig ihren Schutz zur eigenen Wahl einer freien Verfassung anbiethen — da ihr, durch

seine Bürgertugenden eben sowohl als durch seine
Heldenunternehmungen bekannte Heerführer Cüstine dabei über Ordnung und Gerechtigkeit zu
wachen hat; so lieget schon hierinn die erste Ueberzeugung, daß, wenn die Bürger und das Volk
mit den Neufranken in ein brüderliches Verbünd-
niß treten wollen, der Bürger, General Cüstine
nicht die unbedingte Annahme jeder einzelnen
französischen Verfügungen verlangen werde, welche keine nothwendigen Folgen der Freiheit und
Gleichheit sind. Er wird vielmehr in diesen
Stücken jede blinde knechtische Nachahmung miß-
billigen, sobald sie ohne Erforderniß fürs gemeine
Beste in Rücksicht auf die Lokalumstände auf un-
nütze Kränkungen und Verletzungen der recht-
mäßig erworbenen Besitzungen hinauslaufen würde.

Eine solche Nachahmung wäre die Aufhebung
der Kollegiatstifter auf der Stelle. Das, durch
die Eroberungssucht, durch die Schwelgerei,
durch den Schwachsinn seiner Könige, durch den
Betrug und die Räuberei derer, die mit der kö-
niglichen Gewalt spielten, seit Jahrhunderten
ausgemergelte, in unübersehbare Schulden ver-
senkte Frankreich, erwachte am Rande des Verder-
bens: es mußte alle Kräfte anstrengen und alle
Quellen aufsuchen um die Schande und die schreck-

lichen Folgen eines Nationalbankrutes von sich abzuwenden. Die unvermeidliche Nothwendigkeit die keine Macht über sich erkennet, die Erhaltung des Staates schrieb also in Frankreich das Gesetz vor, alle geistliche Güter einzuziehen und mit andern Nationalgütern zu verkaufen.

Die französische Geistlichkeit hätte sich mit ihren angewiesenen Pensionen über den Verlust ihrer liegenden Güter trösten können, wenn sie sich nicht selbst durch ihre hartnäckige Widersetzlichkeit gegen den Bürgereid und durch ein zur weitläuftigen Ausführung allzubekanntes Betragen unglücklich gemacht hätte.

Wir Deutsche sind nicht in dem Falle, der die Veräusserung der geistlichen Güter in Frankreich nothwendig machte; noch minder in dem Falle, der die augenblickliche Ausführung dieser Verfügung dort erheischte — man wird auch nach gegenwärtiger Erklärung nicht Ursache haben, die Stiftsgeistlichen als Feinde der Constitution oder als gefährliche Männer anzusehen.

Will man bei uns das Obereigenthum der Nation über die geistlichen Güter gelten machen; so bestelle man Volksdeputirte zur Aufsicht über die Verwaltung, damit nichts verschleudert und von dem Fond nichts veräussert werde — findet man die ständige Dauer der Stifter der neuen Constitution nicht behaglich; so wird es genug seyn, daß man keine neuen Mitglieder mehr eintreten lasse, und daß man fürs künftige beschliesse, was ohne Verletzung der unter dem Schutze der Gesetze erworbenen Rechte einzelner Personen geschehen kann. -

Es wird aber nicht nothwendig seyn, sie, so lange Sie leben, dieses Schutzes, mithin des ersten Rechtes und der vorzüglichsten Eigenschaft eines Bürgers zu berauben, sondern es wird vielmehr dem Wormser Staate, in Betracht seiner eigenen Verhältnisse einen weit grössern Vortheil bringen, die besagten Stifter noch zur Zeit in dem ganzen Genusse ihrer Güter und Einkünfte zu erhalten.

Die gählinge Aufhebung der Stifter würde auf einer Seite der Stadt Worms allen den beträchtlichen Zufluß abschneiden, den dieselbe aus den benachbarten Ländern zur Nahrung der Bürger dahin ziehen; indem jeder angränzende Staat alsdann die in seinem Territorium gelegenen Güter der Wormser Stifter als lebig und der Nation oder dem Landesherrn heimgefallen erklären wird: und auf der andern Seite würden die wenigen Besitzungen der Wormser Geistlichkeit, besonders der vier Kollegiatstifter, in dem städtischen Bezirke bei weitem nicht hinreichen, den Mitgliedern nur die unumgänglichen Lebensbedürfnisse auszuwerfen — auch alsdann nicht, wenn man die in dem Hochstift gelegenen Stiftsgüter noch dazu rechnen wollte.

Aus alle diesem folget, daß wenn auch die ständige Beibehaltung der geistlichen Gemeinheiten auf die neue Verfassung nicht allerdings zu passen schiene, dennoch die Gerechtigkeit gegen die Glieder hievon, und das Wohl des Staates selbst erfordern, daß man sich mit der Aufhebung nicht übereile, sondern sie wenigstens so lange verschiebe, bis nicht allein die Stadt und das Hochstift Worms, sondern auch die angrenzenden Länder, in welchen der größte Theil der besagten geistlichen Güter gelegen ist, eine feste Constitution erhalten haben werden, welche eine sichere Richtschnur in Betref dieser Stifter an die Hand geben könnte. Worms den 30ten Oct. 1792.

v. Winkelmann,
Prokurator der Klerisey.

Nro. 3.

Protocollum conventionis Cleri Secundarii Wormatienſis dd. 30 Oct. 1792.

Præſentibus.

D. Officiali & Decano Schalk. D. Scholaſtico Kilbert. D. Cuſtode Schweickhardt. D. Capitulari Adamizig. D. Capitulari de München. D. Capitulari Lambertin. D. Capitulari Iacob. D. Cuſtode Haußmann. D. Capitulari & Conſiliario Eccleſiaſtico Gundlach. D. Capitulari Fabris. D. Decano & Conſiliario Eccleſiaſtico Betz. D. Capitulari Dahl. D. Cuſtode & Conſiliario Eccleſiaſtico Garzweiler. D. Decano Wallreuther. D. Capitulari Schnernauer. D. Capitulari Serger. D. Capitulari Rüding. Et me Capitulari de Winkelmann Procuratore v. Cleri.

Nach vorgängiger Anſagung gegenwärtiger Convention mit dem ausdrücklichen Beiſatze: daß der Gegenſtand nicht nur die Stifter in corpore, ſondern auch jedes einzelne Mitglied insbeſondere betreffe, und daher auch jeder beſonders eingeladen würde, verlas Procurator v. Cleri den Aufſatz eines an den franzöſiſchen General Cüſtine bestimmten Promemoria, worinn demselben alle Lokalverhältnisse der hiesigen Kollegiatstifter zu dem Ende bekannt gemacht werden, um auf den Fall einer etwaigen Revolution dahier ein der Gerechtigkeit und selbst dem Vortheil der hiesigen Stadt angemessenes günstigeres Schicksal, als die französische Geistlichkeit zu erhalten.

Zugleich machte Procurator v. Cleri den Antrag, dieses Promemoria, welches auf den Fall einer Revolution zum Unterrichte der Bürger über ihren mit Erhaltung der Stifter verbundenen Vortheil gute Dienste leisten könnte, einsweilen in der Stille drucken zu lassen und die Exemplarien aufzuheben, bis der nähere Anschein einer solchen Staatsumwälzung den vorgedachten Gebrauch rathsam machen würde.

Resolutum.

Wird sowohl der vorgelesene Aufsatz seinem ganzen Inhalt nach, als auch der vorgeschlägene Gebrauch genehmiget, anbei dem Procuratori Cleri aufgetragen, das Promemoria in der französischen Uebersetzung dem General Cüstine, wo möglich, selbsten zu überreichen und bei seiner Reise auf Mainz mit dem Clero Secundario daselbst vorderhamst Rücksprache zu nehmen, nach diesem aber nach seinem Gutbefinden zu Vermeidung aller etwa bedenklichen Weitläuftigkeiten oder Versäumnisse vorzufahren.

K. v. Winkelmann
Procurator Cleri.

M. Schalk Decanus ad St. Andream
Haufsmann Cuſtos ad St. Paulum
B. J. Betz Decanus ad St. Martinum
P. F. Wallreuther Decanus ad. B. v. M.

Nro. 4.

Aus beigehender gedruckten Ankündigung werden die Hochw. Kollegiatstifter entnehmen, wie nothwendig es sey, daß von der unter allen Ständen am meisten bedroheten Klerisey sich einer oder mehrere bei dieser Gesellschaft einfinden, Theils um durch freiwilliges Entgegenkommen sich das Vertrauen der Bürger zu erwerben, Theils um durch die Ueberzeugung von der engen Verbindung des städtischen Wohlstandes mit der Erhaltung der Stifter, und durch sonstige Gründe von Vernunft und Gerechtigkeit manche nachtheilige Folge abzuwenden.

Da Unterzogener durch sein Amt zur vorzüglichen Sorge fürs Beste der Klerisey aufgefordert wird, anbei sich des Zutrauens von einem großen und wichtigen Theil der Bürgerschaft schmeicheln darf; so hoffet derselbe, daß belobte Kollegiatstifter seinen Beitritt zur erwähnten Gesellschaft in dieser reinen Absicht gutheissen werden. Worms den 12. Nov. 1792.

K. v. Winkelmann
Proc. v. Cleri.

P. S. Die Eröfnung der Gesellschaft wird heute vor Mittag auf den Schlag halb Zehen in dem Schloßsaale durch die französischen Bürger Dorsch und Böhmer geschehen und steht jedem der Zutritt frei, ohne daß er nöthig habe, sich zum Mitgliede aufnehmen zu lassen.

(Unterschriften)

Wird der Beitritt abseiten Collegiatæ ad St. Andreaм genehmiget ex Mdto. Kilbert Scholast. ad St. Andreaм
Worms den 12. Nov. 1792.

Collegiata ad St. Paulum ist einverstanden, daß H. Proc. Cleri in den Klub trete, und ersuchet denselben hiedurch, das Interesse der vier Kollegiatstifter bestmöglichst zu befördern. In absentia R^{mi} Decani J. Gundlach.
Worms den 12. Nov. 1792.

Den Beitritt des H. Procuratoris Cleri von Winkelmann Hochw. zur erwähnten Gesellschaft findet Collegiata ad K. V. dabir für gut und rathsam.
Worms den 14. November 1792.

Wellreuther Dechant Mpp.

Nro. 5.

Protokoll
über die Einsetzung der Municipalität zu Worms.

Heut den ein und zwanzigsten Nov. 1792. im ersten Jahre der Franken-Republick.

Nachdem Wir bei der Armee am Rhein angestellter Commissär von dem General Cüstine, Kommandant der Armee der Republick und von dem Bürger General-Commissär der besagten Armee den Befehl erhalten haben, Uns nach Worms zu begeben, um daselbst den Maire und Gemeinds-Prokurator anzustellen und einzusetzen, welche von dem besagten General, unter vorbehaltener Genehmigung des Nationalkonvents provisorisch ernannt worden sind, und nachdem Wir zuvorderst den Bürgern, welche den Magistrat besagter Stadt ausmachen, Nachricht davon ertheilet, und die verschiedene Innungen, besondere Gemeinheiten, die Regierung und die Hoffammer des ehemaligen Bißthums zusammen berufen hatten; so haben Wir uns auf das Rathhaus begeben, und als Wir dieselben mit Ausnahm der besagten Regierung und Hoffkammer versammlet fanden, als welche letztere sich vor unserer Zusammenberufung entfernt hatten, und wovon nur ein einziges Mitglied, namentlich der Hofkammerrath Heger zugegen ware, haben Wir ihnen die Proklamation des General Cüstine, wie auch die Befehle, so er uns zur Ausrichtung aufgetragen, in nachfolgendem Innhalt bekannt gemacht.

Proklamation des Generals Cüstine, welche im Hauptquartier zu Maynz den 19. Nov. 1792. im ersten Jahre der Frankenrepublick ertheilet worden.

Wir Adam Philipp.Cüstine, kommandirender General der Zentral- und Rheinarmee

Nachdem Wir in Erfahrung gebracht haben, daß mehrere öffentliche Beamte sich durch Grundsätze leiten lassen, welche mit der Freiheit der Völker unverträglich sind; so haben Wir beschlossen, die vormals von den obersten Landesstellen geführte Verwaltung sowohl in Justiz- als Polizei-Sachen, wie auch in allen Theilen der Gefällen und was immer dahin gehören möchte, provisorisch und unter Gutheissung und Genehmhaltung der National-Convention nachstehenden Bürgern anzuvertrauen, so wie Wir nun wirklich besagte Verwaltung vom 19ten laufenden Monats an dem Bürger Dorsch als Präsidenten, Reuter, Förster von Mainz, Kremer von Worms, Blau von Mainz, Carl Holzmann von Speier, Pfeifenbrunk von Mainz; Schraut von Worms und Witt Sohn Feldbauverständigen in letzt besagter Stadt, und als General-Prokurator-Syndikus dem Bürger Boos von Höchst anvertrauen, welche sämtlich Uns durch den allgemeinen Ruf als Männer angegeben worden, welche des Zutrauens des Volks am würdigsten sind, und als General Sekretair dem Burger Blesmann aus Göttingen.

Ueberdies vertrauen Wir ihnen unter derselben Genehmhaltung die Gewalt an, alle öffentliche Beamten, deren Grundsätze der Freiheit des Volks zuwider sind und deren Gewalt tyrannisch und bedruckend ist, abzusetzen.

Da wir nach der Uns anvertrauten Gewalt, keinen Ausspruch über die Abschaffung der seit mehreren Jahrhunderten die Völker druckenden Abgaben und Lasten thun können, welche eine willkührliche Macht geschaffen hatte, und welche die Gerechtigkeit nun zernichten wird; so ergreiffen Wir wenigstens mit innigster Freude die Gelegenheit, diese so schwer auf ihnen liegende Lasten zu erleichtern, indem Wir eine Verwaltung bestellen, welche ihren Grundsätzen getreu, die Weisheit und Mässigung zur Richtschnur ihrer künftigen Handlungen nehmen wird.

Wir verkünden mit Vergnügen den Völkern dieser Bißthümer und des Erzbißthums, daß der Augenblick erschienen ist, wo der Arme gleich dem Reichen die nämlichen Rechte an dem Schutz der Gesetze und an der Achtung haben wird, die man den Eigenthumsrecht schuldig ist, und ohne welche eine Landesbeherrschung nicht anders, als tirannisch seyn kann. In Gefolge dessen befehlen Wir allen bürgerlichen und geistlichen Beamten, und insgemein allen denen, welche in öffentlichen Aemtern stehen, bei persönlicher Verantwortung, wie auch allen Bürgern, Fremdlingen, Militärpersonen und jedermann, von was für Religion sie seyn mögen, allen Befehlen und Verordnungen in Polizei- Justiz- und Finanz-Sachen, welche diesen neun so eben eingesetzten Mitgliedern anvertrauet sind, sobald dieselbe durch den General-Commissär der Armee gutheissen, von Uns genehmiget und mit dem Siegel der Republik, bekräftiget seyn werden, Gehorsam zu leisten.

Unterzeichnet
Custine.

1. Befehl des Generals Custine unterm 19ten Nov. 1792. im ersten Jahr der Franken=Republick.

In Gefolg der Grundsätze, die Uns bewogen haben, eine provisorische neue Verwaltung in Mainz anzustellen, haben wir ernannt und eingesetzt, ernennen und setzen wir provisorisch ein.

Für die Stadt Maynz,
Die Bürger Nazen als Maire benannter Stadt,
Make als Gemeind=Prokurator.

Für die Stadt Speier,
Die Bürger Petersen als Maire,
Beuler als Gemeind=Prokurator.

Für die Stadt Worms,
Die Bürger Winkelmann als Maire,
Löwer als Gemeind=Prokurator.

Verordnen und Befehlen allen besondern Gemeinheiten, Innungen und Einwohnern besagter Städte, Maynz, Speier und Worms, vorbenannte Maires und Gemeind=Prokuratoren zu erkennen, und erkennen zu lassen, und sich nach allen Befehlen, Verfügungen und Verordnungen zu richten, welche sie in Betreff ihrer respectiven Amtsverrichtungen für das Wohl der Gemeinde und Nuzen der Innwohner zu geben und zu machen für nöthig erachten werden.

Und zur Einsetzung der Maire und Gemein-Prokuratoren vorbenannter Städte Speier und Worms erneuren Wir den französischen Bürger Buhot Kriegskommissaire zu dem Ende, um obberührte Maire und Gemein-Prokuratoren öffentlich vorzustellen und einzusetzen; zum Behuf dessen ertheilen Wir ihm alle hiezu nöthige Gewalt und Ansehen, und bevollmächtigen ihn, im Falle der Erforderniß, jeden Befehlshaber der Truppen um Hülfe anzugehen.

Unterschrieben
Cüstine.

Kraft vorstehender Befehle und Proklamation haben Wir die Bürger Winkelmann als Maire und Löwer als Gemein-Prokurator eingesetzt.

Nachdem Wir hierauf den ehemaligen Magistrat in Gefolg dessen angegangen haben, die Register und Siegel der Stadt in die Hände der Munizipalität auszuliefern, so hat es derselbe augenblicklich bewerkstelliget.

In der Abwesenheit der Glieder der Regierung und der Hofkammer des ehemaligen Bißthums haben Wir die Register dieser beiden besagten Landesstellen nicht erhalten können, indem derselben Mitglieder solche mit sich weggeführt haben. Die Register der Gefälle des Domkapitels sind auf unser Begehren in die Hände der Munizipalitätsbeamten geliefert worden.

Nachdem all dies vollbracht war, haben Wir der Munizipalität die Aufsicht, Polizei und Verwaltung der Stadt Worms übertragen, und sie ersucht, provisorisch über die Register der Gefällen des vormaligen Domkapitels und deren Fortsezung zu wachen und auf das emsigste nachzuforschen, und alle Mittel ausfindig zu machen, um jener der Regierung und Kammer des ehemaligen Bißthums habhaft zu werden, wornach dieselbe weitere Verhaltungsvorschriften von der neuen Verwaltung zu Maynz zu erwarten hat.

Auf die Frage, welche die Bürger, Munizipalbeamten an Uns gethan, daß Wir bestimmen mögten, ob das gewöhnliche Justizprotokoll in Gerichtssachen auf den alten Fuß sollte fortgesezt werden, nämlich: (der Kaiserl. freien Reichsstadt Worms) haben Wir für gut erachtet, anstatt dessen zu sezen, des provisorisch beibehaltenen Gerichts der Stadt Worms, und dieses unter Vorbehalt der Genehmigung des Generals Cüstine.

Ueber welches alles Wir gegenwärtiges Protokoll errichtet haben, welches die Bürger, Maire, Gemein-Prokurator, Stadtkommandant, Abgeordnete der verschiedenen besondern Gemeinheiten, und die ehemalige Magistratspersonen mit Uns unterschrieben haben. Worms auf Tag, Monat und Jahr, wie Eingangs gemeldet.

  Winkelmann, Bürger Maire.
  Löwen, Bürger Gemeinprokurator.
  Berer, Kommandant.
  P. H. Augustin, reg. Städtmeister.
  Andreas Jacob Rasor, reg. Burgermeister.
   Nahmens der Weberzunft.
  Joh. Georg Hegerich, Zunftmeister.
  Joh. Nicolaus Vogeley, erster Zunftmeister E. E. Schilderzunft.
  Casimir Ficht, Nahmens der Zimmerleutzunft.
  Joh. Heinrich Scherer, Lauerzunft.
  Joh. Adam Herold, als Zunftmeister E. E. Schmiedtzunft.
  Joh. Jacob Schweib, alter Zunftmeister E. E. Schuhmacherzunft.
  Philipp Konrad Lattermann, als Zunftmeister E. E. Kirschnerzunft.
   B u h o l.

Nro. 6.

Da unser Eroberer der General Cüstine mir die wichtige Stelle eines Märes in hiesiger Stadt, doch nur provisorisch, so unerwartet übertragen hat, daß ich die erste Nachricht davon in den gedruckten Ankündigungen fand; so wird Ein Hochwürdigstes Vikariat hieraus selbst ermessen, daß ich in jeder Rücksicht und aus Pflicht fürs gemeine, mir schon vorhin zum Theil anvertraute Wohl diesen mir so schmeichelhaften als beschwerlichen Ruf auszuschlagen nicht vermochte.

Die kanonische Vorschrift: Ne Clerici se immisceant secularibus negotiis, hat besonders in geistlichen Staaten schon längst die authentische Beschränkung erhalten, daß Staatsverwaltung und was zum allgemeinen Wohl gereichet, nicht unter diesen Titel gehöre.

Nur bedaure ich, daß Theils die Menge der Geschäfte in meiner dermaligen Lage, Theils einige Durchkreutzung des Märe-Amtes mit meiner Stelle, als Beisitzers E. H. V. mir die Beibehaltung der letztern nicht erlauben.

Da mir der Aufenthalt des höchsten Hoflagers unbekannt ist; so ersuche ich zugleich Ein Hochwürdigstes Vikariat, diese schuldigste Anzeige an die höchste Behörde zu befördern.

E. H. G. V.

gehorsamster ꝛc.
K. v. W.

Nro. 7.

Im Namen der Frankenrepublik.

Der Munizipalität wird auf ihren Bericht vom 5ten dieses erwiedert: Um die so nöthige öffentliche Ruhe zu erhalten sind 1.) die schärfsten Maasregeln zu nehmen, damit alle verdächtige Personen ausser Stand zu schaden gesetzet werden 2.) sind diejenigen von den Dreizehnern, welche als Ruhestöhrer verdächtig sind, zu arretieren und der Kommandant zu ersuchen, dieselben auf die Festung Landau führen zu lassen 3.) sind die Urheber von dem in dem Briefe des Gemeindeprokurators angezeigten Begebenheiten genau zu untersuchen und nach Befund als Ruhestöhrer und Aufrührer zu bestrafen 4.) sind dem Kommandanten die Plätze disseits Rheins anzuzeigen, welche den Uebelgesinnten und Feinden des Vaterlandes zum Orte des Komplots dienen. Uebrigens wird die Munizipalität über die andern im angezogenen Briefe enthaltenen Gegenstände die Entschließung erhalten, wenn man sich mit den beiden in Worms sich dermalen befindenden Bürgern und Administrations-Mitgliedern Kremer und Witt näher benommen hat. Maynz den 8 Decemb. 1792. im ersten Jahr der Frankenrepublik.

Dorsch.

Präsident der allgemeinen
Administration in Maynz.
Werner Sekretäre.
Dem Original gleichlautend
Schraut.
Secretaire de la municipalité.

Nro. 8.
Allgemeine Administration.

Die erste Nachricht von meiner Ernennung als Märe der Stadt Worms ersah ich den 20ten November ohne die kleinste vorgängige Ahndung, aus der gedruckten Proklamation des Bürgers General Cüstine vom 19ten und noch denselbigen Tag erschien der zu meiner öffentlichen Vorstellung abgesandte französische Kommissär Bühot.

Diese Ueberraschung und das gleich einem Blitze meine Seele durchglühende Gefühl, das Wohl einer ganzen Stadt in dem bedenklichsten Zeitpunkte durch den ruhmvollesten Ruf auf meinen Schultern zu haben, erhob mein Herz hoch.

und verstattete mir nicht, das Verhältniß meiner Kräfte gegen die Last meines Amtes zu berechnen.

Ich ergriff das mir angewiesene Steuerruder ohne Zaudern und führte es, wie ich mir schmeichle, mit Mannskraft zum Wohl meiner Mitbürger, ohne einen andern angewiesenen Gehülfen, ausser dem Gemeindeprokurator. Ich trug mehr als eines Mannes Last, und trug sie mit Munterkeit und Freude: aber die unzähligen Lokalschwierigkeiten in dem dermaligen Zeitpunkte, von welchen sich nur der genaue Kenner der Stadt Worms die Möglichkeit in etwas vorzustellen vermag, sonderbar der Mangel an brauchbaren Männern, die Fähigkeit, Redlichkeit und guten Willen zugleich besitzen — die von allen Seiten herandringenden und sich wieder in das umliegende Land verbreitenden Militärgeschäfte — die Sorge, dem vielfältig einreißenden Mangel zu steuern, haben meine Kräfte erschöpfet und ich schäme mich nicht zu sagen, daß ich anfange zu unterliegen. Nun, da durch die am 17ten dieses erfolgte Ausbildung der Munizipalität mehrere würdige Männer an das meiner ermüdeten Hand entfahrende Ruder gestellet sind — nun kann ich ohne Gefahr fürs gemeine Beste meine provisorische Mairestelle in die Hände einer allgemeinen Administration niederlegen und dieselbe ersuchen, mich aufs baldigste durch einen andern provisorischen Märe ablösen zu lassen.

Ich fühle die Wirkung meiner bisherigen Anstrengung und ich kenne den Gang der Munizipalitätsgeschäfte genug, um mit Ueberzeugung vorauszusehen, daß die Erleichterung die mir durch die Anstellung der übrigen Munizipalbeamten zugeht, nicht hinreichend zu meiner Erholung ist. Mein Temperament gestattet mir nicht, etwas halb zu thun: ich halte keine 8 Tage mehr aus, so unterliege ich ganz. Man gestatte mir völlige Erholung; dann werde ich wieder in Stand kommen fürs gemeine Beste zu wirken: ausser dem bin ich für mich und meine Mitbürger verloren. Worms den 18ten December 1792.

Winkelmann Märe.

Nro. 9.

Im Namen der Frankenrepublik.

Der allgemeinen Administration ist die eingereichte Vorstellung so empfindlich als unerwartet gewesen.

Sie miskenne zwar den sehr beschwerlichen Dienst, die allzuhäufigen Arbeiten und die Sorge der Selbsterhaltung keineswegs; allein das Wohl dasiger Stadt und derselben Inwohner, wie auch der guten Sache, und daß selbe durch Niemand anders, als durch seine seither abgelegten Proben, Geschicklichkeit und thätigsten Eifer auch in Zukunft erhalten werden könne, halten sie noch zur Zeit ab, die Niederlegung seines Dienstes anzunehmen: sehe sich aber verpflichtet, denselben auf das möglichste zu erleichtern. In dessen Rücksicht hat die allgemeine Administration bereits die Verfügung getroffen, die Hauptbeschwerlichkeit in Besorgung des Militärwesens, der Fuhr- und Handfrohnden u. d. gl. ihme abzunehmen und dem Bürger Strauß allda, mit welchem man sich bereits benommen zu übertragen, wessen Erklärung man annoch entgegen sehe. Sollte derselbe die Besorgung nicht auf sich nehmen wollen; so hat die Munizipalität einen oder zwei andere Mitbürger zu diesem Geschäfte gegen billige Bezahlung anzustellen: übrigens wenn der Märe auf einige Zeit Erholung bedürfe und seine Gesundheit pflegen wolle, derselbe einsweilen seine Geschäfte einem andern tauglichen Manne übertragen dürfe. Maynz den 19ten Decemb. 1792 im ersten Jahr der Fr. R.

Dorsch.
Präsident der allgemeinen
Administration zu Maynz.
J. W. Rissel Sekretär.

Nro. 10.
Die Kommissärs des National-Convents an den Bürger Betz zu Worms.

Die wahre Patrioten sind längst gewohnt sich nicht an die Anzahl, so groß oder klein sie seyn möge, zu bekümmern, sie sind ihres Siegs und der Vereitlung aller Angriffe und Machinationen des Aristokratismus gewiß. Darum lassen Sie unverweilt die wackern Bürger von Worms, welche den Eid geleistet haben, versammlen, und sie ihre Munizipalität und ihre Deputirten zur Mainzer Konvention erwählen; kommen die Aristokraten nicht zu den Wahlen, so werden sie um desto besser ausfallen.

Aus beikommender Proklamation, die Sie sogleich zu publiciren haben, werden Sie sehen, daß wir unsere Heere mit feigen Soldaten nicht zu beflecken oder zu vermehren gesonnen sind, allein wir werden nicht mehr zaudern, uns der Auswürflinge zu militärischen Arbeiter zu bedienen, da sie das Herz nicht haben, Menschen zu seyn, und der Freiheit und Gleichheit zuzuschwören.

Treffen Sie Rädelsführer von Komplotten an, so machen Sie eine Requisition an den patriotischen Kommandanten und Bürger Du Bayet, und lassen Sie dieselben über den Rhein bringen, und nehmen Sie alsobald ihre Möbel und sonstiges Vermögen in Beschlag.

Auch bevollmächtigen wir Sie hiermit, alle jene Maasregeln bei den Postämtern und an den Thoren zu nehmen und nehmen zu lassen, welche Sie zur Sicherheit, zum Nutzen und zu dem Dienste der Republik für nothwendig erachten. Mainz, den 25. Febr 1793. im 2ten Jahr der Frankenrepublik.

Merlin de Thlouville.   N. Haussmann.
              Reubel.
                        Dem Original gleichlautend.

Worms den 25. Febr. 1793.
im 2ten Jahr der Frankenrepublik.

                        Weyher, Sekretär.

Da aus gegenwärtiger Erklärung die Einwohner von Worms die Ueberzeugung haben, daß die schwerste Besorgniß, welche ihre Verführer ihnen in die Ohren flüsterten, eine eitle Lüge war; so wird doch endlich die Vernunft den Sieg davon tragen, und ihnen die Augen öfnen, daß sie diejenigen als wahre Volksverführer verabscheuen werden, welche sie durch leere Schreckenbilder dem Untergang zuzuführen bishero bemühet waren.

Unter den schrecklichen Folgen, welche die schwere Drohung der Franken, die Einwohner von Worms als Feinde und Sklaven zu behandeln, mit sich bringt, will ich ihnen zu ihrer letzten Warnung nur die einzige zu erwägen geben, welche in dem vorstehenden Schreiben der fränkischen Kommissärs enthalten ist: nämlich sie in den gefährlichsten Militärarbeiten zu gebrauchen.

Die Anwendung hievon hat der fränkische Bürger und Stadtkommandant Dubayet, euer bisheriger Freund und Beschützer, sobald er euer Feind seyn wird, auf der Maulbeerau und bei diesseitigen Batterien zu machen versprochen, wohin ihr auch unter dem Donner der feindlichen Kanonen wie wahre Sklaven zur Arbeit werdet geschleppt werden.

J. Betz, Kommissär.

Nro. 11.
An meine Mitbürger!

Mitbürger euch ist die bedenkliche Lage unserer Stadt bekannt; Ihr wißt daß euch die Wahl gegeben ist, Freunde — oder Feinde der Franken zu seyn; — Zur Bedingniß der Freundschaft verlangen die Franken, daß ihr euch eure Obrigkeit selbst wählen — und dabei schwören sollt: treu zu seyn dem Volke und den Grundsätzen der Freiheit und Gleichheit — Versteht ihr euch nicht zu dieser Bedingniß, dann ist euch die Feindschaft der Nation angekündigt, die euch in ihrer Hand hat, und mit einem Druck zernichten kann.

Sagt an, welche Bedenklichkeit könnt ihr finden, euch eine Obrigkeit zu wählen? Eure vorige Obrigkeit ist durch die Franken entsetzt;

weder Kaiser noch Reich kann euch izo eine andere geben. Geht hin, fragt Kaiser und Reich, ob ein Volk ohne Obrigkeit bestehen könne? — Sie werden die Ersten seyn, welche mit lauter Stimme, Nein rufen. — Also müßt ihr entweder euch selbst eine Obrigkeit wählen, oder die Franken müssen euch eine setzen.

Sie haben ohne Zweifel als Ueberwinder die Gewalt darzu. Sie thaten es auch, als ihr noch nicht vorbereitet waret, es selbst zu thun: Nun aber, da ihr vorbereitet seyd, überlassen sie euch die Wahl selbst.

Ist es nicht die Obrigkeit, von der das Heil des gemeinen Wesens und jedes einzlen Bürgers abhängt, — kann euch also eine gröfere Wohlthat gestattet werden, als die, daß ihr die eueres Vertrauens würdigsten Männer zu Vorsteher nehmen dürft? — Sehet demnach: die erste Bedingniß welche die Franken dem Anerbieten ihrer Freundschaft beisetzen, ist die gröste Wohlthat für euch.

Wer wird euch einen Vorwurf machen können, wenn ihr diese Wohlthat von den Händen eurer Ueberwinder annehmt. Wollt ihr sie mit Füßen von euch stossen, diese Wohlthat, wollt ihr lieber die Franken nöthigen, daß sie im Gefühl des Zorns euch einen Beherrscher mit einer eifernen Ruthe ſeien; wer euch das rathen kann, der iſt gewiß euer Freund nicht?

Nun aber verlangen die Franken auch, daß ihr ſchwören ſollt; und was? Treue dem Volk, verſtehet wohl, nicht dem fränkiſchen Volke, nicht der fränkiſchen Republik, nein! dem Wormſer Volk, alſo euch ſelbſten. Findet ihr denn ein Bedenken, gegen euch ſelbſt treu und rechtſchaffen zu ſeyn.

Die Franken verlangen noch mehr; ihr ſollt bei der Wahl auch hie Treue gegen die Grundſäze der Freiheit und Gleichheit beſchwören; alſo nicht die Treue gegen die ganze fränkiſche Konſtitution, ſondern nur gegen die erſten Grundſäze derſelben.

Sind dieſe Grundſäze an ſich ſelbſt wohl böſe? — Die Freiheit eines Volks beſtehet darinn: Erſtens, ſich ſeine Vorſteher ſelbſt zu beſtimmen, — das iſt es, was ihr in dieſem Augenblick thun müßt, weil euch ſonſt Niemand eine Obrigkeit geben will. Und zweitens, kein anderes Geſez zu erkennen, als welches das Volk durch ſeine Repräſentanten oder Stellvertreter angenommen hat, und ausüben läßt. Da die vom Volk gewählte Obrigkeit die Geſeze macht und vollziehet, ſo folgt aus dem Erſten das Zweite von ſelbſt.

Der Grundſaz der Gleichheit liegt in der Natur, von welcher alle Menſchen gleiches Recht erhalten haben. Es folgt nach den ursprünglichsten Sätzen der Vernunft daraus, daß kein Vorzug mit Billigkeit gelten könne, der nicht auf Tugend und Fähigkeit gegründet ist. Daß keiner über den andern eine Gewalt habe, als dem sie vom Gesez anvertrauet ist, und daß Niemand die ihm vom Gesez anvertraute Gewalt willkürlich überschreiten dürfe, gehört zur Ordnung einer jeden Staats, verfassung. Daß einer wie der andere unter dem Geseze stehe, ist nichts anders, als daß unsere Richter und Obrigkeiten Gottes Gerechtigkeit nachahmen sollen, vor dessen Richterstuhl kein Unterschied des Standes gilt. Findet ihr bei allem diesen etwas böses?

Ihr gestehet einmüthig, daß wenn die Franken einen Huldigungseid von euch mit Gewalt gefordert hätten, ihr denselben ohne Verlezung des Gewissens, und ohne den Vorwurf einer Untreue von eurer vorigen Obrigkeit zu befahren hättet schwören können, und nun, da die Franken weit weniger als einen Huldigungseid verlangen, da die schrecklichste Drohung, euch als Feinde zu behandeln, euch auf Schanzarbeiten unter das feindliche Kanonenfeuer zu führen, beigesezet ist, da ihr alle Mißhandlungen und allem Muthwillen der Soldaten ausgesezt zu werden erwarten müsset; da euch die Eintreibung der noch rückständigen ungeheuern Kontribution, und am Ende

wenn die Franken etwa zum Rückzug genöthiget
werden sollten, auch noch die Plünderung bevor-
stehet, wenn ihr durch die Verweigerung dieses
Eides die Franken euch zu Feinden macht, wollt
ihr noch Bedenken tragen, diesen Eid zu schwören? wollt fürchten man möchte euch, eine Untreue vorwerfen? wollt glauben, Kaiser und Reich
möchten euch dieses einzige Mittel der Selbsterhaltung zum Verbrechen auslegen; wollt glauben,
daß Kaiser und Reich euern Untergang wünschten;
daß es Ihnen, wenn sie siegen sollten, lieber
wäre, einen Steinhaufen oder eine Einöde, als
eine in gutem Stand erhaltene Stadt wieder zu
bekommen? Könnt ihr solchen Unsinn, solche Ungerechtigkeit, solche Barbarei von eurem vormaligen Oberhaupt gedenken, oder ließe sich eine
größere Lästerung wider sie erfinden; oder habt
ihr die Schuld, daß die Franken erst durch das
so gering bewachte Magazin zu Speier in unsere
Gegend gelockt worden, und mit der unbesezten
Hauptfestung Mainz ihre, die Eroberung unserer
ganzen Gegend, vollendeten.

Ihr, die ihr Muth genug hattet in der Zeit
der Gefahr euch an die Spitze zu stellen, und die
Last der Regierung zu übernehmen, um der dro-
henden Anarchie, dem schrecklichsten aller Uebel
in einem Staat, vorzubeugen, und für das Wohl
eurer Mitbürger in der Zeit der Noth zu wachen;

Ihr alle, die ihr durch Annahme einer öffentlichen Stelle bishero zu diesem guten Ziel mitgearbeitet habt; Ihr alle, die ihr mit richtigem Blick in die Zukunft bereits öffentlich die Grundsätze bekennet habt, nach welchen unsere Verfassung itzo muß gebildet werden, wenn wir nicht zerstöhret seyn wollen; euch ruft vor allen die heiligste Pflicht für das Wohl eurer bedrängten Mitbürger auf, in der Urversammlung und bei den Wahlen zu erscheinen. Ihr könnet die ganze Stadt und Bürgerschaft retten, ihr könnet der Stadt die theure Freundschaft eurer Ueberwinder erhalten, denn sie wollen es als Volksstimme ansehen, wenn auch nur ein Theil des Volks die Wohlthat der angebotenen freien Wahl benutzen will.

Euch und allen denen die zu dieser Urversammlung treten, wird die Stadt Worms, der Krieg mag sich entscheiden wie er will, ihre Rettung zu verdanken haben. Ihr werdet den Seegen von allen denen einernden, welchen die Erhaltung dieser Stadt lieb ist, wer sollte euch also darum anfeinden können?

Worms, den 26. Febr. 1793. im 2ten Jahr der Frankenrepublik.

Winkelmann, Maire.